# GUIDE

## [illegible]

à l'usage des

## FONCTIONNAIRES, EMPLOYÉS & AGENTS

DE CETTE ADMINISTRATION,

Contenant un

# DICTIONNAIRE RAISONNÉ

De toutes les questions et matières se rattachant à cette

PAR

## AUG. LE BOUCHER

Auteur du *Manuel du Stationnaire*

PARIS
HUMBERT, LIBRAIRE-ÉDITEUR
RUE BONAPARTE, 43

# GUIDE

# TÉLÉGRAPHIQUE

PARIS, LIBRAIRIE. — HUMBERT, IMP. A MIRECOURT.

# GUIDE

# TÉLÉGRAPHIQUE

A L'USAGE DES

## FONCTIONNAIRES, EMPLOYÉS & AGENTS

DE CETTE ADMINISTRATION

Contenant un

## DICTIONNAIRE RAISONNÉ

De toutes les questions et matières se rattachant au service

PAR

## AUG. LE BOUCHER

Auteur du *Manuel du Stationnaire*

———

PARIS

HUMBERT, LIBRAIRE-ÉDITEUR

RUE BONAPARTE, 43

1863

# INTRODUCTION

L'invention de Morse fonctionnait depuis plusieurs années en Amérique et dans la Grande-
Bretagne, au service des intérêts privés, alors
qu'en France, elle était exclusivement réservée
à la transmission des dépêches de l'État.

Cette situation ne pouvait durer, à une époque où la puissance et la richesse des nations
se basent principalement sur les développements
du commerce et de l'industrie.

La loi de 1850, qui a organisé l'application
de la télégraphie électrique à la correspondance

privée, avait pour objet de donner satisfaction
à ce vœu général; mais l'insuffisance du réseau, l'organisation vicieuse du personnel, et
surtout la taxe proportionnelle, qui en est la
base, laissèrent dix années encore, à l'état em-
bryonnaire, les magnifiques résultats que l'on
devait attendre de ce puissant moyen de communication.

Aujourd'hui les tâtonnements ont cessé, l'expérience est faite ; la loi de 1861 a résolu
le problème et vulgarisé la télégraphie électrique.

Cette loi, qui a réduit de près des deux
tiers le prix moyen des dépêches intérieures, a
été mise en vigueur le 1er janvier 1862.

L'administration avait à redouter un double
écueil : elle pouvait voir diminuer les recettes par
suite d'un trop faible développement de la correspondance, ou se trouver impuissante à suffire
aux exigences d'un trop rapide accroissement.
Grâce aux précautions prises dès 1861, elle
s'est trouvée, le premier jour, en mesure de
répondre à tous les besoins nouveaux. Elle a
poursuivi cette tâche durant tout le cours de
l'année 1862, et les résultats de la loi du
3 juillet ont dépassé toutes ses espérances,

sans que les relations, dont elle avait elle-même facilité le développement se soient trouvées en souffrance un seul instant.

L'aperçu suivant donne la mesure de ces résultats. Le nombre des dépêches taxées et transmises depuis le 1er mars 1851 jusqu'en 1862 inclusivement est de :

| | | | | | |
|---|---|---|---|---|---|
| 9,014 | dépêches en | 1851 | 413,616 | dépêches en | 1857 |
| 48,105 | — | 1852 | 463,973 | — | 1858 |
| 142,061 | — | 1853 | 598,701 | — | 1859 |
| 236,018 | — | 1854 | 711,652 | — | 1860 |
| 254,532 | — | 1855 | 730,602 | — | 1861 |
| 360,299 | — | 1856 | 1,291,627 | — | 1862 (*) |

Ainsi le nombre des dépêches se sera accru de près de 78 pour 100, et tandis que le gouvernement avait cru seulement pouvoir affirmer, en présentant la loi du 3 juillet, que le trésor public n'aurait à payer que d'un sacrifice passager les bienfaits de la réforme du tarif télégraphique, les recettes de l'année qui vient de

(*) Il faut, pour avoir le chiffre exact des dépêches transmises et payées en 1862, ajouter à ce nombre de 1,291,627, les dépêches expédiées par les stations de chemins de fer, ouvertes à la correspondance privée, qui s'élèvent à 108,904, soit ensemble 1,400,531 dépêches expédiées pendant ladite année.

s'écouler présentent sur celles de l'année 1861 un notable excédant.

De son côté, le service international a suivi son accroissement normal et régulier, de telle sorte que les résultats connus jusqu'à ce jour permettent de porter à 6,000,000 l'ensemble des recettes opérées en 1862, par l'administration des lignes télégraphiques, ce qui représente un accroissement de 600,000 francs.

Pour faire face à ce brusque développement de son service, l'administration a dû réorganiser son réseau d'après de nouveaux principes. Il devenait nécessaire de prendre des dispositions spéciales pour assurer l'ordre des correspondances dans les divers bureaux. Des lignes ont été créées pour recueillir les dépêches qui commencent par être classées dans des centres de transmissions. Des conducteurs directs, formant comme les grandes artères du système, ont été affectés aux relations des principales villes de l'empire. L'application de ces mesures nécessitait, avec l'établissement d'un grand nombre de fils nouveaux, le remaniement de la plupart des lignes anciennes, qui n'avaient pas été primitivement établies en vue de cette organisation méthodique. C'est ainsi que, dans le courant de l'année 1862, l'administration a posé sur les lignes existantes 14,969 kilomètres de fils nouveaux, créé 2,110 kilomètres de lignes nouvelles, représentant 4,420 kilomètres de fils, déplacé ou reconstruit 1,253 kilomètres, et porté ainsi à 28,671 kilomètres de lignes et 88,238 kilomètres de fils, le développement total du réseau.

Pendant qu'elle poursuivait ces travaux, l'administration s'est mise en mesure, par des enquêtes encore ouvertes dans les départements et par l'adoption de systèmes d'exploitation économique pour les bureaux secondaires, de continuer, sans temps d'arrêt, l'œuvre d'extension de son réseau. Elle a voulu, le service administratif une fois assuré, pouvoir faire parvenir ses fils jusqu'aux chefs-lieux de cantons, jusqu'aux simples communes, aussitôt que des besoins réels lui seraient signalés par les représentants des intérêts locaux. En même temps, attentive à rechercher les perfectionnements de la science, elle vient de s'assurer, par un traité récent, à des conditions qui n'engagent point l'avenir et lui laissent toute liberté d'action, le droit de faire usage d'un remarquable appareil, celui de M. l'abbé Caselli, qui reproduit l'écriture même, et dont le succès entourerait ainsi les transmissions télégraphiques des plus précieuses garanties. (*)

Enfin, il convient de mentionner ici les lignes établies en Algérie, au Sénégal et en Cochinchine par des employés des lignes télégraphiques détachés du service des ministères de la guerre et de la marine.

Cet ensemble de la situation du service télégraphique, puisé aux sources officielles, met à néant les objections des partisans de la taxe proportionnelle et donne la mesure de ce qu'il est permis d'espérer de cette loi, et de la faculté que s'est réservé l'Empereur d'abaisser progressivement, au moyen de décrets délibérés en conseil d'État, les bases du tarif intérieur.

(*) Des expériences concluantes permettent aujourd'hui d'affirmer que, dans un avenir prochain, l'appareil Caselli remplacera partout, au grand avantage du public, les appareils actuellement en usage.

# PREMIÈRE PARTIE

## Lois. — Décrets. — Instructions. — Arrêtés. Circulaires. — Règlements.

# SOMMAIRE

## Organisation du service de la correspondance télégraphique privée.

## Établissement et construction des lignes télégraphiques.



## Organisation administrative.

Règlement sur le service des fonctionnaires et agents du service télégraphique. (*Arrêté ministériel du 15 août 1862.*)

Absences irrégulières. (*Arrêté ministériel du 5 septembre 1862.*)

Prestation de serment des surveillants. (*Décret du ministre des finances du 3 février 1855.*)

Uniformes des fonctionnaires et agents. (*Arrêté ministériel du 9 février 1862.*)

Admission à la retraite des fonctionnaires et agents. (*Rapport à l'Empereur et approbation, 29 janvier 1862.*)


## Franchise télégraphique.


Fonctionnaires ayant droit de requérir la transmission gratuite de leurs dépêches. (*Arrêté ministériel du 19 avril 1859.*)

Les ingénieurs des ponts et chaussées sont autorisés à transmettre gratuitement par voie télégraphique leurs dépêches relatives à la crue des cours d'eau. (*Arrêté ministériel du 9 décembre 1859.*)

La franchise télégraphique est accordée aux commissaires de surveillance près les compagnies de chemins de fer. (*Arrêté ministériel du 14 février 1860.*)

Observations relatives à l'emploi du télégraphe pour des communications de service. (*Circulaire de la direction générale du 5 janvier 1861.*)

Franchise accordée aux commissaires spéciaux de police sur les chemins de fer pour leur correspondance avec le préfet de police. (*Arrêté du ministre de l'intérieur du 6 février 1863.*)


## Franchise postale.


Instruction relative à la correspondance des fonctionnaires et agents transmise gratuitement par l'administration des postes. (*Circulaire de la direction générale du 3 avril 1860.*)

# ORGANISATION DU SERVICE DE LA CORRESPONDANCE TÉLÉGRAPHIQUE PRIVÉE

LOI DES 3 JUILLET, 18 ET 29 NOVEMBRE 1850, SUR LA CORRESPONDANCE TÉLÉGRAPHIQUE PRIVÉE.

L'assemblée nationale a adopté la loi dont la teneur suit :

ARTICLE PREMIER. — Il est permis à toute personne dont l'identité est établie de correspondre au moyen du télégraphe électrique de l'État par l'entremise des fonctionnaires de l'administration télégraphique.

La transmission de la correspondance télégraphique privée est toujours subordonnée aux besoins du service télégraphique de l'État.

ART. 2. — Les dépêches, écrites lisiblement en langage ordinaire et intelligible, datées et signées des personnes qui les envoient, sont remises par elles ou par leurs mandataires au directeur du télégraphe, et transcrites dans leur entier avec l'adresse de l'expéditeur sur un registre à souche. Cette copie est signée par l'expéditeur ou par son mandataire et par l'agent de l'administration télégraphique.

Sont exemptés de la transcription sur le registre à souche les articles destinés aux journaux et les dépêches relatives au service des chemins de fer.

Art. 3. — Le directeur du télégraphe peut, dans l'intérêt de l'ordre public et des bonnes mœurs, refuser de transmettre les dépêches. En cas de réclamation, il en est référé à Paris au ministre de l'intérieur, et dans les départements au préfet ou au sous-préfet, *ou à tout autre agent délégué par le ministre de l'intérieur*. Cet agent, sur le vu de la dépêche, statue d'urgence. Si, à l'arrivée du lieu de destination, le directeur estime que la communication d'une dépêche peut compromettre la tranquillité publique, il en réfère à l'autorité administrative, qui a le droit de retarder ou d'interdire la remise de la dépêche.

Art. 4. — La correspondance télégraphique privée peut être suspendue par le gouvernement, soit sur une ou plusieurs lignes séparément, soit sur toutes les lignes à la fois.

Art. 5. — Tout fonctionnaire public qui viole le secret de la correspondance télégraphique est puni des peines portées en l'article 187 du Code pénal.

Art. 6. — L'État n'est soumis à aucune responsabilité à raison du service de la correspondance privée par la voie télégraphique.

Art. 7. — (*) . . . . . . . . . . . . . . . . . . . .

Art. 8. — En payant double taxe, les particuliers ont la faculté de recommander leurs dépêches. Toute dépêche recommandée est vérifiée par une répétition de la dépêche faite par le directeur destinataire.

Art. 9. — Indépendamment des taxes ci-dessus spécifiées, il est perçu pour le port de la dépêche,

____

(*) Abrogé.

soit au domicile du destinataire, s'il réside au lieu
de l'arrivée, soit au bureau de la poste aux lettres,
un droit de 50 centimes dans les départements, et de
1 franc pour Paris. Si le destinataire ne réside pas
au lieu d'arrivée, la dépêche lui sera transmise, sur
la demande et aux frais de l'expéditeur, par exprès
ou estafette. Les conditions de ce service seront fixées
par le règlement à intervenir en vertu de l'article 11
de la présente loi. (Voyez *Loi du 3 juillet 1861*, article 4.)

Art. 10. — Les dépêches sont transmises selon
l'ordre d'inscription pour chaque destination. L'ordre
des transmissions entre les diverses destinations est
réglé de manière à les servir utilement et également.
Toutefois la transmission des dépêches, dont le texte
dépasserait cent mots, peut être retardée pour céder
la priorité à des dépêches plus brèves, quoique inscrites postérieurement.

Les dépêches relatives au service des chemins
de fer, qui intéresseraient la sécurité des voyageurs,
pourront, dans tous les cas, obtenir la priorité sur
les autres dépêches.

Art. 11. — La présente loi sera exécutoire à partir
du 1er mars 1851.

RÉDUCTION DU TARIF DES DÉPÊCHES TÉLÉGRAPHIQUES.
(*Loi du 18 mai 1858. — Circulaire ministérielle
du 25 juin 1858.*)

Monsieur le préfet, j'ai l'honneur de vous rappeler
le texte de la loi du 18 mai dernier, relative à une
réduction de tarif pour les dépêches télégraphiques
échangées dans un même département ou dans deux
départements limitrophes.

Article premier. — A partir du 1er juillet 1858, les dépêches télégraphiques privées de 1 à 15 mots, échangées entre deux bureaux d'un même département, seront soumises à une taxe fixe de 1 franc, quelque soit la distance.

Art. 2. — Les dépêches de 1 à 15 mots, échangées entre deux bureaux de départements limitrophes, seront soumises à une taxe fixe de 1 fr. 50 c., quelque soit la distance.

Art. 3. — Dans l'un et l'autre cas, cette taxe sera augmentée d'*un dixième* pour chaque série de cinq mots ou fraction de série excédante.

Art. 4. — Sont maintenues les dispositions des lois des 29 novembre 1850, 28 mai 1853, 22 juin 1854 et 21 juillet 1856, qui ne sont pas contraires à la présente loi. (Voyez *Loi du 3 juillet 1861.*)

---

TAXE DE JOUR APPLIQUÉE AUX DÉPÊCHES DE NUIT, RELATIVES AUX INCIDENTS DE VOYAGE, ET ADRESSÉES DE GARE EN GARE. (*Circulaire de la direction générale du 15 octobre 1859.*)

Monsieur, la circulaire autographiée du 17 février 1859, en interdisant aux bureaux télégraphiques des chemins de fer, pendant la nuit, la transmission des dépêches privées, n'a pas voulu comprendre dans cette interdiction celles de ces dépêches qui sont adressées de gare en gare par les voyageurs et relatives à des incidents de voyage. Pour favoriser, au contraire, cette sorte de correspondance, aussi utile au public qu'à l'exploitation même des compagnies, j'ai décidé, de concert avec ces dernières, que les dépêches relatives aux incidents de voyage et adressées la nuit de gare à gare par les voyageurs, seraient dorénavant soumises à la taxe du jour. Il est bien entendu que ces transmissions de nuit ne pourront s'échanger qu'entre les gares pourvues d'un service permanent, c'est-à-dire d'un service de jour et de nuit.

J'appelle ici votre attention sur une fausse interprétation de la circulaire précitée du 17 février. Lorsqu'une dépêche est déposée dans un poste télégraphique par son expéditeur quelques minutes avant la clôture de la séance du jour, elle ne peut, en général, arriver à destination avant 9 heures du soir ; et, dès cette heure, les gares auxquelles on la présente refusent péremptoirement de la recevoir, sous prétexte que la télégraphie privée de nuit est supprimée sur les lignes des compagnies. Elles ne remarquent pas que cette dépêche est réellement une dépêche de jour dont la transmission doit être continuée entre les gares qui se trouvent en mesure de la faire. De cette manière, la dépêche peut parvenir au bureau destinataire le soir même, et être expédiée à domicile le lendemain matin, aussitôt l'ouverture du ervice de jour, les dépêches de jour n'ayant pas à être portées aux destinataires pendant la nuit.

LOI DU 3 JUILLET 1861, SUR LA CORRESPONDANCE TÉLÉGRAPHIQUE PRIVÉE A L'INTÉRIEUR DE L'EMPIRE.

ARTICLE PREMIER. — Il est permis à toute personne de correspondre au moyen du télégraphe électrique, par l'entremise des fonctionnaires de l'administration des lignes télégraphiques ou des agents délégués par elle.

L'administration peut toujours exiger que l'expéditeur d'une dépêche établisse son identité.

Art. 2. — Les dépêches télégraphiques privées de 1 à 20 mots, adresse et signature comprises, sont soumises aux taxes suivantes, perçues au départ, savoir : les dépêches échangées entre deux bureaux d'un même département, à une taxe fixe de 1 franc. Les dépêches échangées entre deux bureaux quelconques du territoire continental de l'empire, hors le cas précédent, à une taxe fixe de 2 francs.

La même taxe sera appliquée à la Corse, lorsque des communications télégraphiques directes entre la France continentale et ce département auront été établies. (Voyez *Circulaire du 18 octobre 1861.*)

Au-dessus de 20 mots, ces taxes sont augmentées de moitié pour chaque dizaine de mots ou fraction de dizaine excédante. L'indication de la date, de l'heure du dépôt et du lieu de départ, est transmise d'office.

Sauf ces indications, tous les mots inscrits par l'expéditeur sur la minute de sa dépêche sont comptés et taxés.

Les règles à suivre pour la constatation de l'identité, pour le calcul des mots, des chiffres et de tous autres signes dont la dépêche se compose, les règles concernant le mode de réception et de conservation des dépêches, et le mode de perception des taxes sont déterminés par des règlements d'administration publique, concertés, en ce qui touche les matières de comptabilité, avec le ministre des finances.

La taxe des dépêches transmises entre les bureaux d'une même ville, fixée à 1 franc par la loi du 21 juillet 1856, pourra être réduite par des décrets de l'Empereur.

Des décrets de l'Empereur détermineront également la taxe à percevoir pour les dépêches télégraphiques privées entre la France continentale et l'Algéric, lorsque des communications télégraphiques directes auront été établies.

ART. 3. — Il ne sera admis de dépêche de nuit qu'entre les bureaux ouverts d'une manière permanente pendant la nuit. *Ces dépêches ne seront soumises à aucune surtaxe.*

ART. 4. — Le port des dépêches à domicile ou au bureau de la poste dans le lieu d'arrivée est gratuit. Tout ce qui concerne l'envoi des dépêches au delà du lieu d'arrivée, soit par la poste, soit par exprès, soit par estafette, lorsque ce service est possible, soit par tout autre moyen de transport, enfin les mesures propres à faire concourir au service des dépêches télégraphiques, celui de l'administration des postes seront déterminés par des règlements d'administration publique concertés, en ce qui concerne le service des postes, avec le ministre des finances.

ART. 5. — L'expéditeur peut comprendre dans sa dépêche la demande de collationnement ou d'accusé de réception par le bureau de destination. La taxe du collationnement est égale à celle de la dépêche. Copie de la dépêche collationnée est remise, sans frais, au domicile de l'expéditeur, selon ce qui est réglé à l'article 4. La taxe de l'accusé de réception, avec mention de l'heure de la remise à domicile, est égale à celle d'une dépêche simple pour le même parcours télégraphique.

ART. 6. — Les dispositions des lois antérieures auxquelles il n'est pas dérogé pour la présente loi continueront d'avoir leur exécution.

ART. 7. — La présente loi sera exécutoire à partir du 1er janvier 1862.

CIRCULAIRE DE LA DIRECTION GÉNÉRALE DU 18 OCTOBRE 1861. (*Tarif des dépêches, transitant par les câbles sous-marins de Port-Vendres à Alger et de Toulon à Ajaccio.*)

Monsieur, un décret impérial du 5 et divers arrêtés ministériels du 12 octobre 1861, déterminent les bases du tarif applicable aux correspondances transitant par les lignes sous-marines directes de France en Algérie et de Toulon à Ajaccio. Les dépêches échangées entre un bureau quelconque de France et un bureau quelconque d'Algérie, par le câble direct de Port-Vendres à Alger, seront soumises à une taxe fixe de 8 francs pour 20 mots, adresse et signature comprises. Au-dessus de 20 mots, cette taxe sera augmentée de moitié pour chaque dizaine de mots ou fraction de dizaine excédante. Ce mode de taxation, emprunté à la loi du 3 juillet 1861, est ainsi appliqué par anticipation à la correspondance intérieure avec l'Algérie. Pour toutes les autres dispositions, notamment pour la manière de compter les mots, cette correspondance est soumise aux règles du tarif intérieur.

En vertu d'une convention conclue le 19 avril 1861 avec le bey de Tunis, et concédant à l'administration française l'exploitation des lignes tunisiennes, le bénéfice d'une taxe uniforme a été étendu aux dépêches que la Tunisie échange avec la France.

Les dépêches transmises par le câble direct, d'un bureau quelconque de France à un bureau quelconque de Tunisie, seront soumises à une taxe fixe de 10 francs pour 20 mots, adresse et signature comprises, avec augmentation de 5 francs pour chaque dizaine de mots ou fractions de dizaine excédante.

Les autres dispositions du tarif intérieur seront applicables à ces dépêches.

La taxation uniforme n'étant adoptée que pour les dépêches échangées entre la France d'une part et l'Algérie ou la Tunisie de l'autre, la correspondance des bureaux étrangers avec l'Algérie et la Tunisie continue à être régie par les conventions de Berne ou de Bruxelles.

La taxe des dépêches en provenance ou à destination de ces bureaux se compose :

1o De la part afférente au parcours étranger jusqu'à la frontière française ;

2o De la part afférente au transit français, donnée par le tableau qui indique le classement des différentes frontières françaises, par rapport à Port-Vendres ;

3o De la somme de 6 francs applicable au parcours sous-marin de Port-Vendres à Alger ;

4o Enfin de la part afférente au parcours entre Alger et la station destinataire (Algérie ou Tunisie), déterminée d'après les indications de la circulaire no 293, tableaux nos 2 et 3.

Quant au câble sous-marin, qui relie actuellement Ajaccio à Toulon, son parcours est évalué à une zone, tant pour les dépêches intérieures que pour les dépêches internationales. En conséquence, la taxe des dépêches échangée par ce câble entre la France continentale et la Corse se compose :

1o De la part afférente au parcours continental jusqu'à Toulon, qui est donné par la circulaire no 293, tableau no 1, et par les circulaires ultérieures où sont notifiées successivement les ouvertures de bureaux ;

2o De la somme de 1 fr. 50 c. applicable au transit du câble ;

3o De la part afférente au parcours sur le territoire corse, fixée uniformément à 1 fr. 50 c. pour tout bureau de l'île, y compris Ajaccio.

Pour les dépêches internationales échangées avec la Corse ou transitant par cette île, la taxe française, indépendamment de la somme afférente aux parcours étrangers jusqu'à ses frontières, se compose :

1o Du transit de la frontière française à Toulon, donnée par la circulaire no 298 ;

2o De la somme de 1 fr. 50 c. pour le parcours sous-marin de Toulon à Ajaccio ;

3o Du parcours ou du transit corse fixé à une zone.

Il résulte des détails qui précèdent que les dépêches échangées entre la France continentale et la Corse, aussi bien que les dépêches échangées entre les bureaux étrangers et ceux de cette île, sont taxées d'après les principes des traités internationaux. Cette disposition, qui restera naturellement toujours applicable à la correspondance avec les bureaux étrangers, prendra fin, en ce qui concerne la correspondance avec les bureaux français, au 1er janvier 1862, par l'application de la loi du 3 juillet 1861, sur les correspondances intérieures. Mais, jusqu'au 1er janvier 1862, les règles du traité de Berne continueront à régir la correspondance échangée entre la Corse et les bureaux français du continent.

Enfin, les arrêtés ministériels du 12 octobre, mentionnés ci-dessus, étendent aux correspondances échangées entre un bureau quelconque de Corse et un bureau quelconque d'Algérie ou de Tunisie et transitant par les câbles d'Ajaccio à Toulon et de Port-Vendres à Alger, le bénéfice des taxes de 8 francs (pour l'Algérie) et de 10 francs (pour la Tunisie), dans les conditions qui ont été développées plus haut.

Toutes les modifications de tarif, indiquées par la présente circulaire, auront leur effet à partir du 1er novembre 1861.

SUPPRESSION DES RÉDUCTIONS DE TAXE, ACCORDÉES POUR LA TRANSMISSION DES DÉPÊCHES TÉLÉGRAPHIQUES. (*Circulaire de la direction générale et arrêté ministériel du 28 décembre 1861.*)

Monsieur le directeur, je vous adresse ci-joint un arrêté que M. le ministre de l'intérieur a pris à la date de ce jour, et en exécution duquel toutes les réductions de taxe accordées à titre d'abonnement ou à tout autre titre pour la transmission des dépêches privées à l'intérieur, par le moyen des télégraphes de l'État, doivent prendre fin au 1er janvier 1862. Cette décision, que motivait l'abaissement considérable introduit, par la loi du 3 juillet 1861, dans les tarifs intérieurs, s'applique, en premier lieu, à tous les abonnements dont jouissent en ce moment certaines chambres de commerce et certains syndicats d'agents de change ou de courtiers de commerce, en vertu d'arrêtés insérés au recueil administratif.

Elle n'abroge toutefois que les dispositions de ces arrêtés qui sont relatives à la taxe. Ainsi les dépêches qui en sont l'objet continueront à jouir des avantages de priorité que plusieurs de ces arrêtés leur confèrent, à la condition qu'elles soient rendues publiques, et les concessionnaires demeureront autorisés à effectuer le paiement du prix de leurs dépêches d'après les règles spéciales établies en leur faveur.

En supprimant de même les réductions de taxe qui ont pu être consenties par une autre voie que par la voie d'abonnement, la décision ministérielle a eu en vue les réductions indirectes qui résultaient d'autorisations assez nombreuses, accordées à certaines maisons de banque et de commerce, conformément aux dispositions de l'article 14 de la circulaire n° 6.

Ainsi, à partir du 1er janvier 1862, vous n'accepterez plus les dépêches qui ne contiendraient que les cours des effets publics et des valeurs industrielles ou commerciales, sans la désignation de ces effets ou valeurs, et vous considérerez comme non avenues les dépêches types qui ont pu être déposées dans les bureaux de votre circonscription, pour assurer le contrôle que l'administration s'était réservée sur ce genre de transmissions. Un avis inséré au *Moniteur universel* a rendu publique cette disposition qui, en même temps qu'elle fait disparaître une réduction de taxe indirecte, affranchit les bureaux les plus chargés d'une vérification, devenue impraticable par suite de la multiplicité des correspondances auxquelles ce bénéfice était accordé.

A partir du 1er janvier 1862, il ne sera plus adressé en Bourse que les dépêches qui en porteront la mention spéciale à la suite de l'adresse du destinataire ; et cette mention devra naturellement entrer dans le compte des mots. Les dépêches que l'administration se charge de faire remettre à leurs destinataires, pendant les heures du marché, devant, lorsqu'elles arrivent après la clôture de la Bourse, être remises à domicile, il est indispensable qu'outre la mention désormais obligatoire, l'adresse exacte du destinataire y soit consignée.

Toutes les dispositions qui précèdent n'étant motivées que par l'abaissement du tarif intérieur ne sont pas applicables à la correspondance internationale, qui reste encore soumise à des taxes élevées.

ARRÊTÉ MINISTÉRIEL PORTANT SUPPRESSION DE TOUTES
LES RÉDUCTIONS DE TAXES ACCORDÉES POUR LA
TRANSMISSION DES DÉPÊCHES PRIVÉES A L'INTÉRIEUR.
(28 décembre 1861.)

Toute réduction de taxe accordée jusqu'à ce jour,
par voie d'abonnement ou autre, pour la correspondance télégraphique privée circulant à l'intérieur de
l'empire par le moyen des télégraphes de l'État est et
demeure supprimée à partir du 1er janvier 1862.

# ÉTABLISSEMENT ET USAGE DES LIGNES TÉLÉGRAPHIQUES.

## DÉCRET SUR L'ÉTABLISSEMENT DES LIGNES TÉLÉGRAPHIQUES. (27 décembre 1851.)

### TITRE Ier.

*Établissement et usage des lignes de télégraphie.*

ARTICLE PREMIER. — Aucune ligne télégraphique ne peut être établie ou employée à la transmission des correspondances que par le gouvernement ou avec son autorisation. Quiconque transmettra sans autorisation des signaux d'un lieu à un autre, soit à l'aide de machines télégraphiques, soit par tout autre moyen, sera puni d'un emprisonnement d'un mois à un an et d'une amende de 1,000 à 10,000 francs. En cas de condamnation, le gouvernement pourra ordonner la destruction des appareils et machines télégraphiques.

# TITRE II.

*Des contraventions, délits et crimes relatifs aux lignes télégraphiques.*

ART. 2. — Quiconque aura, par imprudence ou involontairement, commis un fait matériel pouvant compromettre le service de la télégraphie électrique ; quiconque aura dégradé ou détérioré de quelque manière que ce soit les appareils des lignes de télégraphie électrique ou les machines des télégraphes aériens sera puni d'une amende de 16 à 300 francs. La contravention sera poursuivie comme en matière de grande voirie.

ART. 3. — Quiconque, par la rupture des fils, par la dégradation des appareils ou par tout autre moyen, aura *volontairement* causé l'interruption de la correspondance télégraphique ou aérienne, sera puni d'un emprisonnement de trois mois à deux ans et d'une amende de 100 à 1,000 francs.

ART. 4. — Seront punis de la détention et d'une amende de 1,000 à 5,000 francs, sans préjudice des peines que pourrait entraîner leur complicité avec l'insurrection, les individus qui, dans un mouvement insurrectionnel, auront détruit ou rendu impropres au service un ou plusieurs fils d'une ligne de télégraphie électrique ; ceux qui auront brisé ou détruit plusieurs télégraphes, ou qui auront envahi, à l'aide de violences et de menaces, un ou plusieurs postes télégraphiques, ou qui auront intercepté par tout autre moyen, avec violences et menaces, les communications ou la correspondance télégraphique entre les divers dépositaires de l'autorité publique, ou qui s'opposeront avec violences ou menaces au rétablissement d'une ligne télégraphique.

Art. 5. — Toute attaque, toute résistance avec violences et voies de fait envers les inspecteurs et les agents de surveillance des lignes télégraphiques électriques ou aériennes dans l'exercice de leurs fonctions sera punie des peines appliquées à la rébellion, suivant les distinctions établies au Code pénal.

## TITRE III.

*Des contraventions commises par les concessionnaires ou fermiers de chemins de fer et canaux.*

Art. 6. — Lorsque, sur la ligne d'un chemin de fer ou d'un canal concédé ou affermé par l'Etat, l'interruption du service télégraphique aura été occasionnée par l'inexécution soit des clauses du cahier des charges et des décisions rendues en exécution de ces clauses, soit des obligations imposées aux concessionnaires ou fermiers, ou par l'inobservation des règlements ou arrêtés, procès-verbal de la contravention sera dressé par les inspecteurs du télégraphe, par les surveillants des lignes télégraphiques, ou par les commissaires ou sous-commissaires préposés à la surveillance des chemins de fer.

Art. 7. Les procès-verbaux, dans les quinze jours de leur date, seront notifiés administrativement au domicile élu par le concessionnaire ou le fermier à la diligence du préfet, et transmis dans le même délai au conseil de préfecture du lieu de la contravention.

Art. 8. Les contraventions, prévues en l'article 6, seront punies d'une amende de 300 francs à 3,000 francs.

# TITRE IV.

## *Dispositions particulières concernant les télégraphes aériens.*

ART. 9. — Lorsque, sur une ligne de télégraphie aérienne déjà établie, la transmission des signaux sera empêchée ou gênée, soit par des arbres, soit par l'interposition d'un objet quelconque placé à demeure, mais susceptible d'être déplacé, un arrêté du préfet prescrira les mesures nécessaires pour faire disparaître l'obstacle, à la charge de payer l'indemnité, qui sera fixée par le juge de paix. Cette indemnité sera consignée préalablement à l'exécution de l'arrêté du préfet. Si l'objet est mobile et n'est point placé à demeure, un arrêté du maire suffira pour en ordonner l'enlèvement.

# TITRE V.

## *Dispositions générales.*

ART. 10. — Les crimes, délits, contraventions prévus par la présente loi pourront être constatés par les procès-verbaux dressés concurremment par les officiers de police judiciaire, les commissaires ou sous-commissaires préposés à la surveillance des chemins de fer, les inspecteurs des lignes télégraphiques, les agents de surveillance nommés ou agréés par l'administration et dûment assermentés. Ces procès-verbaux feront foi jusqu'à preuve contraire.

ART. 11. — Les procès-verbaux, dressés en vertu

de l'article précédent, seront visés pour timbre et enregistrés en débet. Ceux qui auront été dressés par des agents de surveillance assermentés devront être affirmés dans les trois jours, à peine de nullité, devant le juge de paix ou le maire, soit du lieu du délit ou de la contravention, soit de la résidence de l'agent.

Art. 12. — L'administration pourra prendre immédiatement toutes les mesures provisoires pour faire cesser les dommages résultant des crimes, délits ou contraventions, et le recouvrement des frais qu'entraînera l'exécution de ces mesures sera poursuivi administrativement, le tout ainsi qu'il est procédé en matière de grande voirie.

Art. 13. — L'article 463 du Code pénal est applicable aux condamnations qui seront prononcées en exécution de la présente loi.

Art. 14. — En cas de convictions de plusieurs crimes ou délits, prévus par la présente loi ou par le Code pénal, la peine la plus forte sera seule prononcée.

---

INSTRUCTION POUR L'EXÉCUTION DU DÉCRET DU 27 DÉCEMBRE 1851, SUR L'ÉTABLISSEMENT ET LA POLICE DES LIGNES TÉLÉGRAPHIQUES. (*Circulaire ministérielle du 25 novembre 1852.*)

Monsieur le préfet, pour faciliter la mise à exécution du décret du 27 décembre 1851, qui a édicté de nouvelles et importantes règles sur l'établissement et la police des lignes télégraphiques, je crois convenable de vous adresser une instruction spéciale pour l'application des principales dispositions de cette loi.

## *Etablissement des lignes télégraphiques.*

Quand une demande d'autorisation pour l'établissement d'une transmission de signaux télégraphiques d'un lieu à un autre lieu vous sera adressée, vous aurez à distinguer trois cas.

Lorsqu'il s'agira de demandes se rapportant à l'établissement de signaux télégraphiques, soit dans une même usine, soit entre deux localités situées dans le même canton, l'autorisation pourra être accordée par un arrêté du préfet, après une enquête sommaire, faite par le maire du principal lieu où la ligne doit être établie et sur un rapport du sous-préfet. Il sera donné connaissance au ministre de l'intérieur des autorisations accordées.

Lorsque la demande aura pour but l'établissement d'une ligne s'étendant sur plusieurs cantons, dans le même département, l'enquête sera instituée par le préfet, qui prendra aussi, s'il y a lieu, l'avis soit de la chambre de commerce, soit des sous-préfets. Dans tous les cas, l'autorisation sera accordée par un arrêté du ministre de l'intérieur, après délibération du conseil d'administration des lignes télégraphiques.

Quand la ligne devra s'étendre sur plusieurs départements, la demande d'autorisation me sera envoyée. (Voyez p. 36, la *Circulaire du 7 décembre 1859).*

## *Répression des transmissions télégraphiques non autorisées.*

La prohibition comprend toutes les transmissions de signaux, quels que soient les moyens employés pour les faire passer d'un lieu à un autre, et quelque innocentes que soient ces transmissions. Mais ce se-

rait faire une application trop rigoureuse de la loi
que d'en user pour empêcher ceux des signaux qui
sont entrés dans la vie habituelle et qui facilitent soit
des travaux des champs, soit des opérations de l'industrie. Ce qu'il faut atteindre, ce sont les établissements ayant pour objets des transmissions offrant
un caractère de continuité et formant correspondance.

Les principaux moyens de correspondre à grandes
distances se rapportent à des procédés soit électriques, soit acoustiques, soit optiques.

Les procédés électriques ou acoustiques entraînant
soit la continuité de la ligne, soit l'emploi de sons
d'une assez grande intensité, seront assez facilement
découverts.

Les procédés optiques se diversifiant de différentes
manières, seront plus aisément dissimulés. On peut
se servir de feux pendant la nuit ; dans le jour de pavillons, de globes, de bandes de toiles déployées.
Quelquefois même les signaux sont formés par des
hommes plaçant, à droite ou à gauche de leur corps,
un objet d'une couleur voyante. Mais, comme dans
tous les cas de télégraphes optiques, il faut nécessairement que les signaux soient placés sur une ligne
de points culminants, on pourra, toutes les fois qu'on
aura lieu de croire qu'une correspondance clandestine
est établie dans une certaine direction, faire explorer
les lignes transversales des hauteurs, et l'on arrivera
assez rapidement à s'assurer s'il y a des transmissions
illicites.

*Destruction des lignes non autorisées.*

Quand il sera intervenu un jugement condamnant
les individus qui auraient transmis des signaux d'un
lieu à un autre, le préfet du département où sera si-

tué le tribunal qui aura statué fera procéder à une enquête pour savoir s'il y a lieu d'ordonner la destruction des appareils télégraphiques. Il adressera sur les résultats de l'enquête un rapport au ministre de l'intérieur qui prononcera.

### Répression des contraventions, délits et crimes relatifs aux lignes télégraphiques.

Le décret distingue deux espèces de faits pouvant mettre en péril la correspondance télégraphique : les uns commis sans intention de nuire, les autres commis avec une intention malfaisante. Les premiers sont justiciables des conseils de préfecture, les autres des tribunaux ordinaires.

Le paragraphe 1 de l'article 2 place dans les contraventions tous les faits, même involontaires, qui pourraient compromettre le service télégraphique. Mais, pour ôter à cette disposition législative ce qu'elle pourrait avoir de trop rigoureux, si elle était sévèrement appliquée, je vous recommande de ne poursuivre les contrevenants que lorsque l'imprudence sera manifeste ; et, dans ce cas, il faut, sans aucun doute, ranger les faits suivants : attacher des animaux aux supports des lignes ; pratiquer des affouillements au pied des poteaux ; appuyer sur les appareils de la ligne des pièces de bois et d'autres matières pesantes susceptibles de les rompre ou de les fausser ; placer, enfin, sur les lignes des objets pouvant établir des communications entre eux.

Les détériorations et les dégradations consisteront principalement dans la dégradation des poteaux, le bois des appareils par le jet de pierres, la rupture des fils par imprudence, les dégâts causés aux lignes électriques souterraines par des travaux faits sans précautions dans le sol où elles sont placées.

La répression des faits volontaires suppose toujours que l'on puisse pousser l'intention mauvaise qui constitue et caractérise le délit; mais quand cette preuve a été faite, comme l'intention est l'élément principal de la criminalité, il ne peut être douteux que tout fait, soit direct, soit indirect, qui amènerait l'interruption de la correspondance télégraphique ne soit soumis aux dispositions pénales de l'article.

*Des contraventions commises par les concessionnaires ou fermiers de chemins de fer.*

La plupart des lignes électriques sont placées le long des chemins de fer ; elles sont en contact presque immédiat avec tout le mouvement qu'entraînent toutes ces grandes exploitations, et subissent des périls proportionnels au nombre d'agents qui circulent sur les voies ferrées et à la puissance des masses qui les parcourent. Il fallait protéger les lignes, contre de pareils dangers, et ne point permettre, que les compagnies, abusant de leur situation, pussent compromettre un service administratif. L'article a pourvu à cette nécessité en élevant la peine au niveau du péril; mais le législateur n'a pas voulu punir indistinctement tous les actes, même accidentels, qui viendraient apporter un trouble quelconque dans le service télégraphique. Il exige qu'il y ait faute et que l'accident arrive par l'inexécution soit des clauses du cahier des charges, soit des obligations imposées aux concessionnaires, ou par l'inexécution des règlements ou arrêtés émanés du ministre des travaux publics. Vous devrez donc, monsieur le préfet, agir avec fermeté contre celles des compagnies qui, par l'incurie ou le mauvais vouloir de leurs agents, compromettraient la correspondance télégraphique ; mais il faut aussi bien se garder de rendre les compagnies responsables d'actes purement accidentels et n'accusant ni imprudence, ni mauvaise direction. Lorsque des doutes s'élèvent sur certains faits, vous pouvez consulter utilement les ingénieurs en chef chargés du contrôle de l'exploitation.

### Maintien de la visibilité des lignes télégraphiques aériennes.

Les lignes de télégraphes aériens sont composées de postes à une distance moyenne d'environ 8 kilomètres, et établis de manière à ce que le rayon visuel, qui va de l'un à l'autre, ne soit arrêté par aucun obstacle. Cette condition assure un bon service, tant qu'elle est remplie, et elle l'est toujours quand on construit une ligne. Mais, avec le temps, plusieurs obstacles peuvent s'interposer et entraver ou même empêcher le passage des signaux.

Le décret distingue trois espèces d'obstacles : les constructions d'une nature permanente et non susceptibles d'être déplacées ; les arbres et les objets placés à demeure, mais susceptibles d'être déplacés; les objets mobiles.

Les premiers ne pourraient disparaître qu'en employant la voie ordinaire de l'expropriation pour cause d'utilité publique, et il sera, en général, de beaucoup préférable de déplacer les postes télégraphiques.

Les objets placés à demeure, mais susceptibles d'être déplacés, qui pourraient faire obstacle à la visibilité des postes aériens, sont : les fours à briques, les hangars, les abris pour bestiaux, les mâts pour signaux, et enfin toutes les constructions légères qui peuvent être déplacées sans détérioration réelle et sans priver le propriétaire ou le fermier du service qu'il en retirait.

2.

Les objets mobiles pouvant être déplacés sur les arrêtés des maires, sont : les meules à foin, les tas de gerbes, les voitures stationnant, tous les obstacles interposés par des individus qui ne sont ni propriétaires, ni fermiers.

Lorsqu'il y aura lieu de faire disparaître un des obstacles placés dans la seconde catégorie, un rapport de l'inspecteur du télégraphe, adressé au préfet, indiquera le lieu où existe l'obstacle et les circonstances qui le rendent nuisible, et fera connaître les efforts tentés pour obtenir du propriétaire qu'il consente à le faire disparaître. Sur ce rapport, le préfet fera, s'il y a lieu, sommer immédiatement le propriétaire de l'objet formant obstacle d'en opérer le déplacement, ou d'en faire l'élagage, s'il s'agit d'un arbre. Sur le refus de la partie intéressée, le préfet prescrira, par un arrêté, les mesures nécessaires pour faire disparaître l'obstacle. L'inspecteur des lignes télégraphiques ou un agent de ce service pourra être chargé de l'exécution de l'arrêté qui réservera toujours le payement préalable de l'indemnité.

Le déplacement des objets mobiles pourra être demandé par les stationnaires des postes dont la visibilité est compromise. Ils feront une réquisition au maire, qui statuera s'il y a lieu. Si le maire se refusait à ordonner l'enlèvement d'un objet mobile faisant obstacle, le recours aurait lieu devant le sous-préfet, qui prescrirait ce que de droit.

Toutes les fois qu'il y aura lieu à indemnité, elle sera consignée préalablement à l'exécution de l'arrêté du préfet. Des offres réelles seront faites, par l'inspecteur des lignes télégraphiques, à la partie intéressée, qui sera d'ailleurs mise en demeure de formuler ses prétentions dans un certain délai. Sa réponse fixera la question du litige et déterminera le premier ou le dernier ressort.

*Protection et surveillance des lignes télégraphiques.*

Les lignes télégraphiques électriques sont placées sur les chemins de fer ou s'étendent le long des routes nationales ou des canaux ; les lignes aériennes sont formées par des séries de postes disséminés dans la campagne. Le service de ces deux espèces de lignes est surveillé par des agents spéciaux, entretenus par l'administration des lignes télégraphiques, et chargés d'une manière particulière de constater et de poursuivre les contraventions et les délits dont les résultats peuvent compromettre la correspondance télégraphique. L'administration vous fera connaître le nom, la qualité et la résidence de ceux de ces agents qui ont le droit d'exercer leurs fonctions dans votre département. M. le ministre des travaux publics a recommandé à tous les agents chargés du contrôle et de la surveillance de l'exploitation des chemins de fer de veiller avec soin à la conservation des lignes télégraphiques existant le long des voies ferrées. Mais il importe en outre, monsieur le préfet, que vous placiez les lignes et les postes télégraphiques existant dans votre département sous la protection générale de la gendarmerie, des maires et des commissaires de police. Vous pouvez aussi ordonner très-utilement aux cantonniers des routes, sur lesquelles des lignes télégraphiques sont établies, de surveiller ces constructions et de dénoncer, au besoin, les contraventions dont ils pourraient avoir connaissance. Pour faciliter l'exécution de vos ordres, à cet égard, j'invite M. l'administrateur en chef des lignes télégraphiques à vous faire connaître la direction des lignes et l'emplacement des postes qui existent dans votre département.

DÉVELOPPEMENTS A LA CIRCULAIRE DU 25 NOVEM-
BRE 1852. — INSTRUCTION DES DEMANDES TENDANT
A LA CONSTRUCTION DE LIGNES TÉLÉGRAPHIQUES
D'UN LIEU A UN AUTRE SITUÉ DANS LE MÊME CAN-
TON. (*Circulaire du 7 décembre 1859.*)

Monsieur le préfet, la circulaire ministérielle du
25 novembre 1852, qui réglemente la mise à exécution du décret du 27 décembre 1851 sur l'établissement et la police des lignes télégraphiques, vous autorise à prendre des arrêtés pour accorder l'établissement des lignes télégraphiques, soit dans une même
usine, soit entre deux localités situées dans le même
canton; mais elle ne vous fait pas connaître les conditions qui sont ordinairement imposées par l'administration à toutes les concessions de l'espèce.

Je vous informe en conséquence que toutes les fois
que vous aurez à vous prononcer favorablement sur
des demandes tendant à la construction de lignes de
télégraphes d'un lieu à un autre lieu, situés tous deux
dans le même canton, vous devez réserver à l'état le
droit :

1º De placer les fils, sans indemnité, sur les supports des lignes autorisées;

2º De faire contrôler par les agents, s'il le juge nécessaire, les dépêches transmises, les moyens de
contrôle, restant d'ailleurs à la charge des concessionnaires;

3º De suspendre et au besoin de supprimer, sans
indemnité aucune, les autorisations accordées.

Les arrêtés que vous prendrez devront en outre
spécifier nettement que les télégraphes ne pourront
jamais servir qu'à la transmission de dépêches concernant uniquement les intérêts que, d'après les demandes en autorisation, ils ont pour but de desservir. (Voyez la *circulaire du 25 juillet 1862.*)

## ÉTABLISSEMENT DE COMMUNICATIONS TÉLÉGRAPHIQUES POUR UN INTÉRÊT PRIVÉ. (*Circulaire ministérielle du 25 juillet 1862.*)

Monsieur le préfet, aux termes d'une circulaire, en date du 25 novembre 1852, qui réglemente la mise en exécution du décret du 27 décembre 1851, sur l'établissement et la police des lignes télégraphiques, vous pouvez autoriser les particuliers à établir des lignes télégraphiques dans le ressort de votre département, lorsque les points extrêmes de ces lignes sont situés dans le même canton. Une seconde circulaire du 7 décembre 1859 vous fait connaître les conditions qui doivent être imposées à cet établissement.

En raison des développements qu'a reçus le réseau télégraphique, il devient nécessaire de modifier les conditions primitivement fixées. A mesure que l'action directe de l'administration télégraphique atteint des localités moins importantes, il convient de faire avec plus de réserve les concessions privées. Les droits du Trésor seraient lésés si un particulier obtenait la faculté d'établir une communication spéciale, quand les intérêts pour lesquels il demande cette faveur peuvent être desservis par un bureau télégraphique de l'État. Enfin, il importe que le ministre des finances donne son avis sur la convenance qu'il peut y avoir à soumettre ces concessions à une taxe d'abonnement.

Comme d'ailleurs il ne me paraît pas possible de réglementer, quant à présent, cette question par des dispositions générales, je désire que l'administration centrale soit informée de toutes les demandes tendant à obtenir l'autorisation d'établir des télégraphes privés, afin qu'elle puisse vous faire connaître son appréciation dans chaque cas particulier.

Je vous prie, en conséquence, de vouloir bien me communiquer les demandes de cette nature qui vous seraient adressées.

---

PLANTATIONS ET COMMUNICATIONS ÉLECTRIQUES SUR LES ROUTES. (*Circulaire ministérielle des travaux publics du 22 décembre 1856.*)

Monsieur le préfet, des difficultés s'étant élevées dans plusieurs départements par suite de l'existence simultanée de plantations et de lignes télégraphiques sur les routes, j'ai dû, pour en prévenir le retour et après m'être concerté avec M. le ministre de l'intérieur, arrêter les dispositions suivantes :

1° Lorsqu'il s'agira de planter des arbres sur une route sur laquelle une communication électrique aura déjà été établie, les ingénieurs des ponts et chaussées se concerteront au préalable avec l'inspecteur des lignes télégraphiques, sur l'emplacement à donner aux plantations;

2° Lorsqu'il s'agira au contraire d'établir une communication électrique sur une route impériale ou départementale, *plantée ou non plantée*, les agents des lignes télégraphiques s'entendront d'abord avec les ingénieurs des ponts et chaussées sur l'emplacement de la ligne télégraphique;

3° En cas de désaccord, dans l'une ou l'autre hypothèse, les agents des deux services en rendront compte respectivement à leur administration, pour qu'il soit statué sur le différend.

---

MODE DE RECOUVREMENT DES FRAIS DE RÉPARATION DES DOMMAGES CAUSÉS AU MATÉRIEL. (*Extrait de la circulaire de la direction de la comptabilité générale des finances du 20 août 1855.*)

Il arrive souvent que, en dehors des cas prévus par les articles 2 et 6, du décret du 27 décembre 1851, (voyez pages 25 et 26,) sur la police des lignes télégraphiques, les compagnies de chemins de fer et les particuliers causent des avaries au matériel de ces lignes, et presque toujours les auteurs des dommages offrent d'en payer la réparation en argent. En général, il est préférable, non-seulement pour eux, mais encore pour l'administration, de terminer l'affaire ainsi amiablement au lieu de la porter devant les tribunaux. En conséquence, il a été réglé, de concert entre les ministères de l'intérieur et des finances, que, dans les cas de l'espèce, le dommage sera constaté par un procès-verbal dressé contradictoirement entre les agents télégraphiques et les contrevenants, et que ceux-ci s'engageront, par une convention sous signature privée, à payer les frais, dont le chiffre aura été fixé, soit à la caisse du receveur des finances de l'arrondissement, soit à celle du percepteur le plus voisin. L'acte sera, du reste dans les deux cas, adressé au premier comptable. Les sommes recouvrées seront portées au compte des *recettes accidentelles*, et il devra être transmis, immédiatement après chaque versement, une déclaration tenant lieu de duplicata de récépissé à l'inspecteur des lignes télégraphiques.

## MODIFICATIONS DANS LE MODE DE PAYEMENT DES DÉPENSES DU MATÉRIEL DES LIGNES TÉLÉGRAPHIQUES.
### (*Circulaire ministérielle du 1er février 1859.*)

Monsieur le préfet, les dépenses du matériel des lignes télégraphiques ont été acquittées jusqu'à présent par les inspecteurs de ce service au moyen de fonds, mis à leur disposition à titre d'avances, dans chacun des départements où ces dépenses avaient été faites. J'ai reconnu que ce système imposait à ces fonctionnaires des maniements de fonds considérables, surchargeait inutilement leur responsabilité, et compliquait la tenue de leurs écritures ; j'ai cru dès lors devoir apporter à ce mode de procéder les modifications que l'importance toujours croissante du service télégraphique a rendues nécessaires.

En conséquence, j'ai décidé qu'à l'avenir les payements par voie d'avances seraient considérablement restreints, et que des mandats directs seraient délivrés pour le payement de toutes les dépenses du matériel des lignes télégraphiques rentrant dans l'une des catégories suivantes, savoir :

1° Abonnements et indemnités fixes pour frais de bureau, habillement de piétons, etc.

2° Loyers de toute nature ;

3° Dépenses faites en vertu d'un marché ou soumises au règlement d'un architecte ou vérificateur patenté ;

4° Dépenses prévues et faites par suite de conventions verbales.

Il résultera de cette mesure que les avances à faire aux inspecteurs des lignes télégraphiques ne devront plus s'appliquer qu'aux dépenses de peu d'importance effectuées en régie et qu'aux travaux accidentels d'entretien.

J'ai décidé, en outre, que ces avances ainsi limitées seraient délivrées au chef-lieu du département
où résiderait l'inspecteur, quel que soit le lieu où les
dépenses seraient faites, tandis que les dépenses à
mandater directement continueraient à être classées
par département. Cette disposition aura pour effet
d'éviter aux inspecteurs des complications contraires
à la précision et à la promptitude de leurs opérations, car il arrivait souvent que, par suite de la difficulté de faire concorder exactement les fonds mis
à la disposition de ces inspecteurs dans plusieurs départements avec les besoins du service, des sommes
restaient sans emploi dans certains départements,
tandis que, dans d'autres, les crédits délégués se
trouvaient insuffisants.

Vous remarquerez que cette dérogation au principe établi du payement des dépenses par département est tout exceptionnelle, et que c'est uniquement
en considération des nécessités du service télégraphique que M. le ministre des finances a adhéré à la
centralisation dans le département où réside l'inspecteur, de certaines natures de dépenses faites dans les
départements dépendant de son inspection ; je vous
invite à restreindre le plus possible l'application de
ce nouveau mode. Du reste, la substitution du système des mandats directs à celui des payements par
voie d'avances, pour la plupart des dépenses du matériel des lignes, ne modifiera en rien les règles générales de comptabilité actuellement en vigueur pour
ce service : vous devrez, par conséquent, justifier,
dans la forme ordinaire, de l'emploi des fonds délivrés aux inspecteurs à titre d'avances, et fournir au
payeur de votre département les pièces justificatives
exigées par les règlements antérieurs pour les dépenses à mandater directement.

# ORGANISATION ADMINISTRATIVE.

—

ORGANISATION DE L'ADMINISTRATION DES LIGNES TÉLÉ-
GRAPHIQUES. (*Décret impérial du 20 janvier 1862.*)

ARTICLE PREMIER. — Le personnel de l'administration des lignes télégraphiques se compose de :
1 directeur général, — 10 inspecteurs généraux, —
92 inspecteurs départementaux, — 40 sous-inspecteurs, — 92 directeurs de transmissions.

Chefs de station, — commis principaux, — traducteurs, — gardes-magasins, — employés, — surnuméraires, — chefs surveillants, — surveillants, —
facteurs en nombre suffisant pour les besoins du service.

Il ne sera nommé de directeurs que dans les
départements où l'extension du service télégraphique les rendra nécessaires.

Ce personnel pourra comprendre, en outre, des
élèves de l'Ecole polytechnique, pris à leur sortie de
l'Ecole, et qui auront été reconnus admissibles dans
les services publics.

Ces élèves, dont le nombre ne dépassera pas deux par année, pourront être nommés chefs de station de deuxième classe, après un stage de deux ans au moins.

Les élèves inspecteurs actuels seront nommés directeurs de deuxième classe lorsqu'ils compteront au moins trois ans de services.

Art. 2. — Les employés des bureaux de l'administration centrale seront, à l'avenir, choisis exclusivement dans le cadre des fonctionnaires et agents du service extérieur, dont ils ne cesseront pas de faire partie.

Un arrêté de notre ministre de l'intérieur réglera l'assimilation des grades des employés actuels de ces bureaux avec ceux du service actif.

Toutefois, les emplois de traducteur et de garde-magasin constitueront deux services spéciaux, non susceptibles d'assimilation avec les autres grades de l'administration.

Les receveurs, dont l'emploi est supprimé, pourront, exceptionnellement, continuer à exercer leurs fonctions; leur traitement restera fixé conformément aux dispositions de notre décret du 29 novembre 1858.

Art. 3. — Le directeur général relève de l'autorité immédiate du ministre, avec lequel il travaille immédiatement. Il reçoit et ouvre la correspondance. Il règle le service, correspond avec les diverses autorités, et prend toutes les mesures d'exécution nécessaires.

Les attributions des autres fonctionnaires et agents de l'administration des lignes télégraphiques seront réglées par arrêtés de notre ministre de l'intérieur. (Voyez *Règlement ministériel du 15 août 1862.*)

Art. 4. — Le directeur général est nommé par nous.

Les inspecteurs généraux, les inspecteurs départementaux, les sous-inspecteurs et les directeurs sont nommés par le ministre sur la présentation du directeur général.

Les autres agents sont nommés par le directeur général.

Art. 5. — Les inspecteurs généraux ne forment qu'une classe.

Les inspecteurs forment quatre classes.

La première ne pourra comprendre plus de $1/10^e$, la deuxième plus des $2/10^e$, la troisième plus des $3/10^e$ du nombre total des fonctionnaires de ce grade.

Les directeurs de transmissions et les chefs de station sont divisés en deux classes : la première ne pourra comprendre plus des $4/10^e$ du nombre total des emplois.

Les sous-inspecteurs, les commis principaux et les gardes-magasins ne forment qu'une classe, ainsi que les chefs surveillants.

Les traducteurs, les employés, les surveillants et les facteurs sont divisés en trois classes : la première et la deuxième ne pourront dépasser chacune les $3/10^e$ du nombre total des employés.

Art. 6. — L'avancement aura lieu hiérarchiquement, de classe en classe et de grade en grade.

Les chefs de station de deuxième classe pourront toutefois être choisis parmi les commis principaux ou les employés de première classe.

Nul ne pourra être appelé à une classe supérieure ou être promu à un nouveau grade s'il n'a, dans la classe immédiatement inférieure ou dans le grade précédent, au moins le temps de service indiqué ci-après :

Deux ans dans chaque classe pour les grades d'employé, de commis principal, de chef de station et de sous-inspecteur.

Et un an dans chaque classe pour les grades de directeur de transmissions et d'inspecteur.

Néanmoins, il pourra être dérogé à ces règles jusqu'à ce que les cadres des inspecteurs soient remplis.

Les employés de troisième classe sont choisis parmi les surnuméraires ayant au moins un an d'exercice, et qui ont été nommés par les préfets à la suite d'un concours dont le directeur général arrête le programme.

Nul ne peut être nommé surnuméraire, s'il a moins de 18 ans révolus et plus de 28 ans.

Les candidats comptant sept années de service militaire ou dans l'enseignement public, pourront être admis jusqu'à 30 ans.

Des employés auxiliaires pourront gérer les bureaux secondaires ou y être attachés; ils ne feront pas partie des cadres de l'administration. La liste des bureaux secondaires, les conditions d'admission et le taux des indemnités des employés auxiliaires, enfin les règles de leur service seront déterminés par arrêté de notre ministre de l'intérieur.

Les chefs surveillants sont nommés à la suite d'un examen qui constatera leur aptitude.

Les surveillants et les facteurs sont choisis, autant que possible, parmi les anciens militaires ayant moins de 35 ans.

ART. 7. — Les traitements des fonctionnaires et agents sont fixés ainsi qu'il suit :

| PERSONNEL. | CLASSE unique. | 1<sup>re</sup> CLASSE | 2<sup>e</sup> CLASSE | 3<sup>e</sup> CLASSE | 4<sup>e</sup> CLASSE |
|---|---|---|---|---|---|
| Directeur général | 25,000 | » | » | » | » |
| Inspecteurs généraux | 10,000 | » | » | » | » |
| Inspecteurs | » | 8,000 | 7,000 | 6,000 | 5,000 |
| Sous-inspecteurs | 4,000 | » | » | » | » |
| Directeurs de transmissions | » | 3,500 | 3,000 | » | » |
| Chefs de stations | » | 2,500 | 2,200 | » | » |
| Élèves | 1,800 | » | » | » | » |
| Commis principaux | 2,000 | » | » | » | » |
| Traducteurs | » | 3,000 | 2,500 | 2,000 | » |
| Gardes-magasins | 3,000 | » | » | » | » |
| Employés | » | 1,800 | 1,600 | 1,400 | » |
| Employés surnuméraires | » | » | » | » | » |
| Chefs surveillants | 1,400 | » | » | » | » |
| Surveillants | » | 1,200 | 1,100 | 1,000 | » |
| Facteurs | » | 1,000 | 900 | 800 | » |

Les frais de route et de séjour seront déterminés par notre ministre de l'intérieur.

Les fonctionnaires et agents du service télégraphique actuellement en fonction, dont les appointements sont supérieurs à ceux que détermine le présent décret, conserveront leurs traitements jusqu'à ce qu'ils soient promus à un grade leur donnant droit à un traitement au moins égal à celui dont ils jouissent aujourd'hui.

Les inspecteurs généraux et départementaux et les sous-inspecteurs n'ont pas droit aux frais de route et de séjour pour les tournées périodiques ou relatives aux travaux dans le ressort de leur circonscription. Des indemnités spéciales qui seront fixées par arrêté du ministre leur seront attribuées.

Les fonctionnaires et agents qui changent de résidence n'ont pas droit aux frais de route lorsque leur changement a lieu sur leur demande ou par suite d'avancement.

Art. 8. — Les congés de fonctionnaires et agents sont accordés par le directeur général, qui détermine la quotité des retenues à exercer sur les traitements, suivant les dispositions de notre décret du 9 novembre 1853.

Les fonctionnaires ou agents qui désirent être attachés à des compagnies ou prendre du service à l'étranger peuvent obtenir un congé, dont la durée ne doit pas dépasser cinq ans, et pendant lequel ils ne reçoivent aucun traitement.

A l'expiration de leur congé, ils reprennent, s'il y a lieu, le rang qu'ils occupaient au moment de leur départ et au fur et à mesure des vacances.

Art. 9. — Les fonctionnaires et agents peuvent être mis en disponibilité pour cause de maladie ou d'infirmités temporaires entraînant cessation de travail pendant plus de six mois.

La disponibilité est prononcée par le ministre, sur la proposition du directeur général.

Le fonctionnaire ou agent en disponibilité peut être admis à jouir, pendant deux ans au plus, de la moitié du traitement affecté à son grade.

Art. 10. — Les fonctionnaires et agents en disponibilité, en congé ou en retrait d'emploi, ne conservent leurs droits à la retraite qu'à la charge par eux de verser successivement les retenues, imposées par la loi du 9 juin 1853, sur les pensions civiles et cal-

culées sur le montant intégral du traitement d'activité de leur grade.

ART. 11. — Les peines disciplinaires applicables
aux fonctionnaires et agents de l'administration des
télégraphes sont : l'avertissement, la réprimande, —
— la suspension pendant trois mois au plus, — le retrait d'emploi pendant un an au plus, — la révocation.

La suspension et le retrait d'emploi donnent lieu à
la retenue intégrale du traitement.

Ces peines sont appliquées par le ministre aux
employés dont la nomination lui est réservée.

Dans tous les autres cas, les peines disciplinaires
sont appliquées par le directeur général, qui peut,
en outre, exercer, sur le traitement des fonctionnaires
autres que les inspecteurs généraux, les inspecteurs,
les sous-inspecteurs et les directeurs des transmissions, une retenue qui ne peut excéder quinze jours.

ART. 12. — Les cautionnements à fournir par les
fonctionnaires et agents du service télégraphique,
pour sûreté de la gestion des fonds et du matériel
qui leur sont confiés, sont déterminés par décrets
rendus sur la proposition de nos ministres de l'intérieur et des finances.

ART. 13. — Il est institué, près du directeur général de l'administration des lignes télégraphiques, une
commission consultative, composée des inspecteurs
généraux et d'un secrétaire désigné par le ministre
de l'intérieur.

Cette commission sera présidée par le directeur
général, et, à son défaut, par le plus ancien inspecteur général ; elle donne son avis sur :

1° Les propositions de dépenses à porter au budget général ;

2° La répartition du crédit alloué au matériel ;

3° Les marchés passés pour le compte de l'administration ;

4º Sur les retraits d'emploi et révocations ;

5º Et généralement sur toutes les autres affaires qui lui sont déférées par le ministre ou par le directeur général.

ART. 14. — Un arrêté de notre ministre de l'intérieur déterminera l'uniforme des fonctionnaires et agents des lignes télégraphiques. (Voyez *Arrêté ministériel du 9 juillet 1862.*)

ART. 15. — Est et demeure abrogé notre décret du 29 novembre 1858.

---

ARRÊTÉ MINISTÉRIEL DU 15 NOVEMBRE 1855 QUI DÉTERMINE LES CONDITIONS SUIVANT LESQUELLES DOIT AVOIR LIEU L'ADMISSION AU SURNUMÉRARIAT DANS L'ADMINISTRATION DES LIGNES TÉLÉGRAPHIQUES.

ARTICLE PREMIER. — Le personnel de l'administration des lignes télégraphiques se recrute au moyen d'un concours établi entre tous les candidats aux places de surnuméraires stationnaires de cette administration. Toutefois, un tiers de ces places est réservé aux militaires de tous grades libérés du service militaire, sachant lire et écrire correctement, et âgés de moins de 30 ans.

ART. 2. — Les concours auront lieu à Paris, toutes les fois que le besoin du service l'exigera.

ART. 3. — Les candidats doivent être âgés de 22 ans au moins et de 28 ans au plus, et justifier de leur qualité de Français.

ART. 4. — Ils doivent fournir, un mois au moins avant l'époque du concours :

1º Leur acte de naissance ;

2º Un certificat constatant leur libération du service militaire ;

3º Un certificat de bonne vie et mœurs.

Art. 5. — Ils doivent justifier des connaissances suivantes :

1º Une rédaction correcte;

2º Le dessin linéaire;

3º L'arithmétique, jusques et y compris les proportions;

4º La géographie élémentaire;

5º Les éléments de chimie;

6º Les éléments de physique, et spécialement ce qui est relatif à l'électricité statique et dynamique;

7º La levée des plans;

8º Le nivellement.

Art. 6. — La connaissance de l'une ou plusieurs des langues suivantes : l'allemand, l'anglais, l'italien et l'espagnol sera prise en grande considération pour le classement des candidats.

Art. 7. — La commission d'examen sera présidée par le directeur général, qui désignera, pour la compléter, un inspecteur général, un directeur principal et deux inspecteurs.

———

AVIS ADMINISTRATIF DE LA DIRECTION DES LIGNES TÉLÉGRAPHIQUES EN CE QUI CONCERNE L'EXAMEN POUR L'ADMISSION DES STATIONNAIRES SURNUMÉRAIRES. (*8 décembre 1855.*)

Les examens pour l'admission des stationnaires surnuméraires dans l'administration des lignes télégraphiques ont lieu dans les villes de Paris, Bordeaux, Toulouse, Marseille, Lyon, Strasbourg, Lille, Nantes et Alger, lorsque les besoins du service l'exigent.

Un avis inséré au *Moniteur universel*, et reproduit

dans les journaux des départements, indique l'époque de l'ouverture des examens.

Les candidats se font inscrire à la préfecture du département où ils résident et produisent les pièces ci-après :

1° Demande indiquant la ville dans laquelle ils désirent concourir ;

2° Acte de naissance dûment légalisé ;

3° Certificat de bonne vie et mœurs légalisé ;

4° Certificat constatant la libération définitive du service militaire ;

5° Diplômes constatant les grades universitaires que les candidats auraient obtenus.

Dans le département de la Seine, l'inscription et le dépôt des pièces ont lieu au ministère de l'intérieur (bureau du personnel des lignes télégraphiques).

Les demandes faites avant la publication de l'avis au *Moniteur* doivent être renouvelées.

Les registres d'inscriptions, ouverts dans les préfectures et à Paris, sont clos six semaines avant l'époque fixée pour les examens.

Les demandes d'admission à concourir sont transmises par les préfets au ministère de l'intérieur.

Pour être admis à concourir, les candidats doivent être âgés de 28 ans au plus. Cette limite d'âge est reculée jusqu'à trente ans, pour les anciens militaires ayant au moins quatre ans de service effectif.

L'examen porte sur les matières dont le détail suit :

1° Écriture très-lisible ;

2° Rédaction correcte ;

3° Dessin linéaire ;

4° Arithmétique, jusques et y compris les proportions ;

5° Notions élémentaires de géométrie, de physique et de chimie en ce qui concerne la composition des piles électriques ;

6º. Géographie terrestre.

La connaissance de l'une ou plusieurs des langues suivantes : l'allemand, l'anglais, l'espagnol et l'italien, est prise en considération pour le classement des candidats.

Ils sont informés individuellement de leur admission ou non admission à l'examen, dix jours au moins avant l'époque fixée pour l'ouverture du concours. Six jours sont consacrés aux épreuves, qui consistent en compositions écrites.

ORGANISATION DU SERVICE DE SURVEILLANCE ET D'ENTRETIEN DES LIGNES TÉLÉGRAPHIQUES. (*Circulaire de la direction générale du 31 octobre 1861.*)

Monsieur le directeur, l'application de la division départementale aux circonscriptions télégraphiques entraînait une révision générale de la délimitation des parcours des surveillants.

J'ai dû rechercher, à cette occasion, si l'organisation de la surveillance des lignes était bien appropriée à la constitution actuelle du réseau et répondait aux nouveaux besoins que font naître ses rapides développements. Cet examen m'a démontré qu'il était possible de réaliser d'utiles améliorations et de concilier, avec de sérieuses économies, l'intérêt d'agents très-dignes de la sollicitude de l'administration.

Les surveillants ont à remplir une double tâche, qui consiste :

1º A exécuter les travaux ordinaires que comporte l'entretien des lignes ;

2º A rechercher, à réparer au besoin, et, dans

certains cas, à prévenir les dérangements qui peuvent se produire.

Comme agents assermentés, ils sont appelés à constater, par des procès-verbaux, les infractions à la police des lignes télégraphiques; mais ce n'est qu'à titre accessoire. Les délits, les simples contraventions mêmes, sont en effet aujourd'hui très-rares. Leur constatation se rattache d'ailleurs presque toujours à la réparation du dérangement qui en a été la suite ou à l'enquête qu'il a provoquée.

La vérification du bon état des lignes et la recherche des dérangements donnent lieu à des tournées générales faites, suivant le cas, à pied ou en wagon. Les travaux d'entretien s'exécutent durant des visites de détail que les surveillants effectuent toujours à pied et munis de leurs outils.

*Surveillance des lignes sur chemins de fer.*

La circulaire, insérée au recueil administratif sous le n° 189, impose aux surveillants sur chemins de fer l'obligation de faire une tournée générale par semaine et de visiter en détail, deux fois par mois, toute la portion de ligne confiée à leurs soins. Cette organisation se justifie par l'importance des lignes qui suivent les voies ferrées et les nombreux changements que subit leur installation, surtout aux abords des gares. Elle a d'ailleurs la sanction de l'expérience et m'a paru devoir être conservée.

Les surveillants accomplissant leur tournée générale en quelques heures, la longueur des parcours est déterminée et limitée par le temps que ces agents peuvent consacrer aux visites de détail.

Deux jours étant affectés, soit à la tournée générale, soit aux opérations accessoires prescrites par le directeur, il ne reste que quatre jours par semaines pour les visites de détail. Chaque agent devra donc suivre à pied son parcours en huit jours. Comme il ne peut, en général, en une journée se transporter que d'une gare à la suivante, son parcours ne comprendra guère que huit gares consécutives. Sa longueur moyenne sera de 60 à 75 kilomètres.

### Surveillance des lignes de route.

Le service de surveillance de la plupart des lignes sur route a, jusqu'à présent, été organisé de manière à satisfaire cette double condition : que ces lignes fussent entièrement visitées à pied tous les deux jours, et que les surveillants rentrassent cependant chaque soir à leur domicile. On ne pouvait, par suite, attribuer à chaque agent plus de 15 à 16 kilomètres, sans lui imposer de longues tournées qui le fatiguaient outre mesure. Cette organisation, adoptée à l'origine de la télégraphie électrique, alors que plusieurs villes de premier ordre étaient encore éloignées des voies ferrées, s'expliquait par l'importance de la plupart des lignes sur route, la longueur des sections reliant deux bureaux voisins, sans coupure intermédiaire, et les difficultés qu'on éprouvait à faire parvenir l'avis d'un dérangement d'une extrémité à l'autre. Mais l'extension des voies ferrées, la création d'un grand nombre de bureaux dans des chefs-lieux d'arrondissement, ou même dans d'autres villes d'importance secondaire, et la construction de lignes transversales, reliant entre elles les artères principales, ont changé complétement la constitution du réseau télégraphique. Il est aujourd'hui facile de circonscrire rapidement un dérangement sur une section dont la longueur ne dépasse guère 75 kilomètres. Deux surveillants, partant des deux extrémités de cette section, peuvent, en quelques heures, surtout si on les autorise à profiter des voitures publiques, la visiter entièrement et réparer le défaut signalé. Il est dès lors inutile de maintenir des tournées quotidiennes pour se prémunir contre la durée des dérangements qui, avec cette organisation, pouvaient cependant persister pendant quarante - huit heures. Le développement du réseau atténue d'ailleurs les effets d'une interruption accidentelle. Quant aux travaux d'entretien, ils sont loin de motiver la présence continue des surveillants sur les lignes.

Il n'y aurait ainsi aucun inconvénient sérieux à réduire le nombre des tournées de surveillants sur route, et, comme conséquence immédiate, à leur attribuer de plus longs parcours avec l'obligation de découcher pour accomplir ces tournées.

J'ai adopté dans ce but les dispositions suivantes :

1º Le nombre des tournées des surveillants sur route sera réduit à une par semaine sur les lignes importantes à plusieurs fils, et à une par mois sur les embranchements secondaires à un seul fil ;

2º Les surveillants pourront consacrer plusieurs jours à leurs tournées, et recevront, pour frais de découché, l'indemnité de 3 francs, fixée au titre de frais de séjour, par le décret du 29 novembre 1858 ;

3º Lorsqu'un dérangement sera signalé, ces agents seront autorisés et invités au besoin à prendre les voitures publiques, pour les transporter sur le lieu de l'accident, et recevront, à titre d'indemnité, des frais de route, calculés à raison de 1 fr. 50 c. par myriamètre parcouru en voiture, ou, le cas échéant, des frais de découché.

Dans ces conditions, la longueur moyenne des parcours peut être portée à 40 kilomètres sur les sections importantes à plusieurs fils, et à 60 sur les embranchements à un fil, ne desservant que des postes secondaires. Il devient dès lors possible de concentrer la plupart des surveillants dans les chefs-lieux de départements, ou au moins près des bureaux télégraphiques.

Cette réunion de plusieurs agents au chef-lieu, sous les yeux de leur chef, présente de nombreux avantages et offre une garantie de la régularité du service. Non-seulement les surveillants seront prêts à se transporter sur les lignes au premier avis d'un dérangement, mais ils pourront encore se prêter un mutuel concours, être employés ensemble à des travaux qui exigeraient plusieurs ouvriers, et participer au service du port des dépêches à domicile.

### Dispositions générales.

Dans l'intervalle de leurs tournées, les surveillants qui résideront près d'une station télégraphique se rendront tous les jours à ce bureau, aux heures qui leur sont indiquées, et en général de neuf heures du matin à cinq heures du soir. Ils y resteront à la disposition du directeur de station pour les besoins du service. L'ordre des tournées sera réglé par le directeur du département, de telle sorte que les divers agents résidant dans la même ville ou placés aux extrémités d'une même section ne s'absentent pas simultanément. MM. les directeurs de départements limitrophes se concerteront entre eux dans ce but. Au premier avis qui lui sera donné par le directeur de station ou l'employé de service, l'un des surveillants de garde devra se transporter sans délai sur la section en dérangement, quel que soit le parcours dont elle dépende. Si l'avarie a une certaine gravité et ne peut être réparée complétement par un seul homme, ses collègues seront envoyés à son aide, et, suivant les circonstances, se transporteront sur le lieu de l'accident à pied ou en voiture. Ils prendront, à cet égard, les instructions du directeur du département, et, à son défaut, du directeur des stations.

Les surveillants procéderont, dans les mêmes conditions à tous les travaux d'entretien des lignes. Chacun d'eux fera, durant ses visites de détail, les travaux ordinaires, redressements de poteaux, remplacement d'isolateurs, etc., qu'il serait en mesure de terminer seul, ainsi que les réparations nécessaires pour prévenir un dérangement imminent. Il devra, à cet effet, dans ses tournées, être porteur de ses outils, l'échelle pouvant être remplacée par une paire d'étriers.

Il sera d'ailleurs autorisé, dans les cas urgents et pour les travaux exceptionnels, à se faire assister par des ouvriers pris sur les lieux.

Réunis en atelier, les divers surveillants d'une même résidence ou d'un même département effectueront les opérations plus importantes.

Le nettoyage des supports s'opérait, jusqu'à présent, tous les mois sur la plupart des lignes suivant les routes de terre, et seulement tous les ans sur les lignes suivant les chemins de fer. L'expérience a démontré en effet que, sauf sur certains points, un lavage annuel suffisait, et que des nettoyages plus fréquents n'amélioraient pas sensiblement l'isolement des fils. Le moment le plus favorable pour le lavage annuel est la partie de l'automne qui précède la saison des pluies. Il conviendra de profiter de la formation de l'atelier de nettoyage des supports pour faire remettre les lignes en parfait état, afin qu'elles soient moins exposées à être interrompues pendant l'hiver. Il sera utile aussi de les revoir après la mauvaise saison, pour réparer complétement et dans les meilleures conditions les avaries qu'elles auraient subies. Par ces travaux périodiques bien entendus, en remplaçant au fur et à mesure les appuis qui viendraient à se détériorer, on évitera les reconstructions totales

3.

qui, à un moment donné, entraînent des dépenses considérables et causent de graves perturbations dans la marche du service.

MM. les directeurs devront donc faire parcourir complétement deux fois par an les lignes de leur département par un atelier formé de deux, trois ou quatre surveillants, suivant les exigences du service. Ces agents, placés sous la conduite de l'un d'eux, qui remplira les fonctions de chef d'atelier, auront droit aux allocations qui leur seraient attribuées pour tournées ordinaires. Des ouvriers pris sur les lieux pourront leur être adjoints, lorsque l'état des lignes l'exigera, ou lorsque le nombre des surveillants pouvant s'éloigner de leur résidence sera insuffisant. MM. les directeurs fixeront, suivant les besoins du service, les époques précises de ces révisions générales. Ils pourront, lorsqu'ils le jugeront utile, en dehors des réparations périodiques, former un atelier spécial pour des travaux exceptionnels à exécuter sur une section déterminée. Mais ils auront soin de demander préalablement l'autorisation de la dépense, si elle n'a pas été prévue sur l'état de situation ou ne peut être imputée sur les sommes accordées pour frais imprévus.

Un approvisionnement d'outils sera conservé au magasin de chaque direction pour l'équipement des ateliers de réparation des lignes. Cet approvisionnement constituera d'ailleurs un matériel de rechange pour le renouvellement des outils des surveillants.

Durant leur présence dans les stations télégraphiques, les surveillants seront appelés à concourir au port des dépêches à domicile et à l'entretien des piles; ils pourront même, dans certaines localités, en être exclusivement chargés. Cette participation du service des surveillants au service des stations permettra, dans quelques villes, de parer, sans augmentation de personnel, aux nouveaux besoins qui peuvent résulter de la réduction du tarif des transmissions télégraphiques, et, dans tous les cas, allégera la tâche des facteurs ou piétons qui, astreints jusqu'à présent à un service continu de quatorze à quinze heures, seraient autorisés à s'absenter aux heures de leurs repas.

Dans les villes secondaires, où résideraient soit plusieurs surveillants se rendant alternativement à la station, soit un seul agent ne faisant qu'une tournée générale par mois, l'administration, sauf exception motivée, ne désignera pas de piéton : les surveillants en rempliront les fonctions. En leur absence, lorsqu'ils seront appelés sur la ligne par leurs tournées périodiques, un dérangement ou des travaux d'entretien, le chef de station assurera le service de la remise des dépêches à domicile, à l'aide de personnes de la localité, recevant des allocations qui seront payées par les soins du directeur du département.

Des propositions vous seront incessamment demandées pour la délimitation des parcours sur les bases qui viennent d'être indiquées. Il est bien entendu d'ailleurs que les longueurs fixées par la présente circulaire ne doivent être considérées que comme des moyennes adoptées pour le cas le plus fréquent, et qui varie avec la disposition des lignes. Pour déterminer la longueur de chaque parcours et la résidence du surveillant, vous vous attacherez à vous rendre un compte exact de la situation des lignes, de leur importance, des difficultés que peut présenter leur entretien.

Il serait sans utilité de tracer des règles spéciales pour ces divers cas qui se présenteront. Je me bornerai donc à appeler votre attention sur les lignes établies dans les pays de montagnes. Placées, pendant l'été, dans les mêmes conditions que les autres, elles sont soumises, pendant l'hiver, à des causes puissantes de destruction, et exigent des soins particuliers. Il conviendrait donc d'y attacher, à cette époque de l'année, un plus grand nombre d'agents, et d'en combiner la surveillance avec celle des embranchements qui ne fonctionnent que pendant l'été. Ainsi, en prenant pour exemple la section de Mende à Villefort, d'une longueur de 60 kilomètres environ, le service en sera facilement assuré, durant la belle saison, par deux agents résidant, l'un à Mende, l'autre à Villefort; mais, pendant l'hiver, il y aura lieu d'y attacher en outre deux ou trois surveillants auxiliaires, qui seraient placés dans une ou plusieurs localités intermédiaires. Ces agents resteraient dans ces résidences du 1er octobre au 1er avril, prendraient part aux travaux de nettoyage et de réparation générale, et à la surveillance des lignes, suivant des instructions qui leur seraient données à cet égard. Durant les gelées, ils pourraient être utilement employés à briser les glaçons qui se forment sur les fils par l'accumulation du givre, et à prévenir ainsi la rupture de ces conducteurs. Du 1er avril au 1er octobre, ils resteraient à la disposition de l'administration pour les travaux d'établissement ou la surveillance des embranchements correspondant aux bureaux ouverts, seulement pendant la saison d'été. Les feuilles de parcours, qui servent à constater actuellement la régularité des tournées sur route, ne pourraient être conservées avec la nouvelle organisation. Il y a lieu d'adopter d'autres moyens de contrôle. Des livrets, fournis par l'administration, sont déposés dans les stations télégraphiques et dans les mairies. Les surveillants mentionneront sur ces registres, à côté de leur signature, la date et l'heure de leur passage. MM. les directeurs s'entendront avec les autorités pour la conservation des registres, et s'assureront, dans leurs inspections, de l'exactitude avec laquelle les surveillants accomplissent leurs tournées.

Pour assurer la rapide exécution des dérangements, il importe que les stations aient connaissance de l'ordre de service fixant les tournées de surveillants, et qu'elles sachent exactement le point sur lequel doit se trouver chaque agent à un moment donné, afin de pouvoir le prévenir de l'existence d'une interruption, d'un mélange ou de tout autre défaut. On établira à cet effet, dans chaque direction, un tableau, dont une copie sera transmise non-seulement à toutes les stations du département, mais encore à celles des départements limitrophes qui auraient intérêt à le connaître. A l'aide de cet état et du tableau fixant la marche des trains, toutes les communications concernant l'état de la ligne pourront être adressées sûrement et très-promptement aux surveillants, soit par le télégraphe de l'Etat ou des compagnies, soit par la poste. Il convient d'ailleurs, dès qu'un dérangement est constaté, de le signaler, sans délai, par la poste à tous les surveillants intéressés qui ne résideraient pas près d'un bureau télégraphique où s'en trouveraient momentanément éloignés.

Les frais de route et de séjour auxquels les surveillants auront droit par application des dispositions qui précèdent, seront payés par trimestre, sur les fonds du budget du matériel des lignes télégraphiques (chapitre V). Ils devront être compris chaque année sur l'état de la situation, ainsi que les dépenses relatives aux travaux d'entretiens périodiques et au remplacement des surveillants facteurs dans les stations. Ces indemnités n'étant accordées que dans des circonstances parfaitement définies, il sera facile d'éviter tout abus en ce qui concerne leur allocation. Le nombre des tournées ordinaires des surveillants sera déterminé à l'avance par un ordre de service,

Il conviendra aussi de fixer la durée de chacune d'elles.

Ainsi un surveillant, chargé d'un parcours de 40 kilomètres, peut, en trois jours, visiter toute la portion de la ligne qui lui est confiée et rentrer à sa résidence. Il recevra, en conséquence, pour frais de découché, une somme de 6 francs par tournée ordinaire.

Le droit aux frais de route, alloués dans le cas de dérangement, sera constaté par l'ordre écrit du fonctionnaire ou employé qui aura invité le surveillant à se transporter sur les lieux.

L'organisation, dont je viens de vous entretenir, a été soumise au ministre de l'intérieur, qui l'a approuvée le 10 octobre 1861. Tout en réalisant une économie immédiate et importante, elle améliorera la position des surveillants et apportera dans le service des piétons un allégement notable. Elle permet d'ailleurs d'assurer plus facilement. et à moins de frais la surveillance des nouveaux embranchements d'importance secondaire et se rattache ainsi aux mesures générales ayant pour but le développement du service.

---

ORGANISATION DU SERVICE DES STATIONNAIRES.
*(Circulaire de la direction gén. du 22 octobre 1857.)*

Monsieur, l'organisation du service entre les stationnaires dans les bureaux télégraphiques demande d'importantes modifications.

Dans les postes principaux, le personnel est divisé en deux brigades d'un nombre égal d'employés, dont l'un prend le service à l'ouverture du bureau, de 7 heures en été, ou de 8 heures en hiver à 3 heures, et dont l'autre les succède jusqu'à la fin de la séance. L'importance des transmissions n'est cependant pas la même pendant la journée entière : le nombre des dépêches, très-limité dans la matinée, est également peu considérable dans la soirée. Les employés dont la présence est nécessaire au moment où le travail est le plus actif, restent ainsi inoccupés la plupart du temps, le matin et le soir. Il y a dès lors surabondance de personnel pendant quelques heures.

Les employés des stations principales, après avoir été de service pendant la nuit, doivent encore concourir au travail de la journée. Cette organisation ne permet pas aux stationnaires de prendre un repos suffisant et le travail incessant auquel ils sont astreints contribue à altérer leur santé.

Dans l'état de choses actuel, les brigades se succèdent au moment où l'activité des transmissions ne s'est pas ralentie. L'agitation inséparable de l'arrivée des employés qui viennent prendre le service est une cause de trouble et quelquefois même d'interruption dans les communications.

Enfin un des plus graves inconvénients de l'organisation actuelle, et sur lequel je ne puis trop appeler votre attention, provient de la nécessité dans laquelle se trouvent les employés de prendre leur repas dans l'intérieur du bureau. Les abus de toute nature qui en résultent compromettent la dignité de l'administration et ne peuvent être plus longtemps tolérés.

Il importe de remédier à cette situation, et j'ai décidé, dans ce but, qu'à la réception de la présente circulaire les heures de service seraient fixées de la manière suivante :

De 7 heures ou de 8 heures du matin (suivant la saison) à 10 heures ; — de 10 heures à 5 heures ; — de 5 heures à 9 heures.

Vous diviserez le personnel de manière à propor-tionner aux exigences du service, le nombre des employés présents au poste de 10 à 5 heures, et à le restreindre dans d'étroites limites pendant les séances du matin et du soir. Cette répartition aura lieu comme il est indiqué ci après pour la saison d'été :

Dans les postes composés de deux employés le service sera fait alternativement de 7 à 10 heures, et de 5 à 9 heures par le premier employé et de 10 à 5 heures par le deuxième. — Si le bureau comprend trois employés, l'un d'eux sera présent de 7 à 10 et de 5 à 9 ; les deux autres de 10 à 5. — Dans les stations auxquelles sont attachés quatre employés l'un sera de service de 7 à 10 et de 5 à 9, et deux autres de 10 à 5. Le travail du matin et du soir n'ayant que peu d'importance, pourra dans la plupart des cas être assuré avec un seul employé et le quatrième stationnaire deviendrait ainsi disponible.

Enfin dans les bureaux où le service de nuit est institué, vous diviserez le personnel en un nombre de sections ou de brigades suffisant, pour que celle qui sera chargée du service de nuit, n'ait pas à participer au service du jour. Si, par exemple, vous avez formé six brigades, la première devra passer la nuit, la deuxième et la troisième prendront le service de 7 à 10 heures et de 5 à 9, les quatrième, cinquième et sixième seront de présence de 10 à 5 heures. Un roulement devra être organisé d'ailleurs entre chaque brigade, de manière à ce que le service du matin, du jour ou de la nuit, soit fait alternativement par tous les stationnaires.

Le service d'hiver ne diffère que par l'heure de l'ouverture du bureau, qui a lieu à 8 heures du matin.

Les indications qui précèdent vous permettent de lever les difficultés que présenterait l'exécution des nouvelles dispositions. Cette organisation aura pour résultat immédiat de fournir la possibilité d'opérer des réductions dans le personnel, le nombre des stationnaires employés au service du matin et du soir devant être moindre que par le passé.

L'administration aura ainsi des employés à sa disposition et sera en mesure de suppléer à l'insuffisance du personnel qui s'est fait sentir dans quelques bureaux, et de pourvoir à toutes les exigences qui se produiraient inopinément.

Les inconvénients, les abus que l'expérience a révélés, disparaîtront également, par suite de l'adoption de mesures qui tout en plaçant les stationnaires dans des conditions meilleures, permettront d'imprimer au service une marche plus régulière, plus rapide.

---

CIRCULAIRE DE LA DIRECTION GÉNÉRALE PORTANT ORGANISATION DU SERVICE DANS LES POSTES DE GARE DES CHEMINS DE FER OCCUPÉS PAR LES STATIONNAIRES DE L'ÉTAT. *(17 octobre 1857.)*

Un certain nombre de postes télégraphiques établis dans les gares de chemin de fer sont desservis par des stationnaires de l'état dont le traitement est remboursé par les compagnies.

Les stationnaires de ces postes situés dans les villes, où il existe des bureaux de l'état ont été placés jusqu'ici, sous l'autorité immédiate des directeurs ou des chefs de station.

Les autres postes sont gérés, à tour de rôle, par des stationnaires qui ne sont directement sous les ordres d'aucun fonctionnaire.

Dans le premier cas, la surveillance journalière du service est fort souvent incomplète, à cause de la distance qui sépare presque toujours les bureaux de l'état des bureaux de gare. Dans le second cas, cette surveillance est tout à fait nulle.

Pour remédier à cette situation, j'ai décidé que dans tous les postes de gare des chemins de fer occupés par des stationnaires de l'état, le service sera centralisé entre les mains de l'un de ces agents qui en aura exclusivement la surveillance et qui seul correspondra avec l'administration.

MM. les directeurs de transmission sont invités à signaler les agents qui leur paraîtraient les plus aptes à ce service, et leur choix devra tomber de préférence sur le stationnaire le plus ancien de la classe la plus élevée de chaque poste.

---

**RÈGLEMENT SUR LE SERVICE DES FONCTIONNAIRES ET AGENTS DE LA DIRECTION GÉNÉRALE DES LIGNES TÉLÉGRAPHIQUES.** *(15 août 1862.)*

### *Service des inspecteurs départementaux.*

ARTICLE PREMIER. — L'inspecteur est le chef du service télégraphique dans le département; il correspond seul avec le directeur général et les diverses autorités. Il dirige les travaux d'établissement, d'entretien des lignes et des bureaux, contrôle le service de la transmission des dépêches et celui de la perception des taxes, et pourvoit au paiement des dépenses de toute nature.

ART. 2. — L'inspecteur recueille dans un dossier personnel à chaque fonctionnaire ou agent, toutes les notes qu'il reçoit ou qu'il donne sur le service, le degré d'aptitude, l'instruction, la moralité, la conduite ou la tenue de chacun. Il tient, en outre, les livrets personnels des services conformément aux instructions. Lorsqu'un de ces fonctionnaires, employés ou agents, passe d'une inspection dans une autre, l'inspecteur transmet à son collègue le dossier des notes et le livret des services.

Art. 3.— Chaque année, l'inspecteur fait établir les feuilles d'inspection générale, et après y avoir consigné son avis personnel, les envoie à l'inspecteur général, sur la demande qui lui en est adressée.

Art. 4.— L'inspecteur transmet au directeur général, avec son avis motivé, toute demande ou proposition d'avancement, de permutation, d'admission à la retraite, de démission et de révocation.

Art. 5.— Il peut accorder des congés aux fonctionnaires, employés et agents de son département sous les conditions :

1° Que ces congés n'excèderont pas, pour le même fonctionnaire, employé ou agent, cinq jours consécutifs ou non, pendant le cours de la même année, (du 1er janvier au 31 décembre) ;

2° Qu'il ne sera pas nécessaire de pourvoir à son remplacement ;

3° Que les absences seront motivées par une maladie dûement constatée ou par des causes d'une urgence telle qu'il ne sera pas possible, sans inconvénient, d'en référer préalablement au directeur général et d'attendre sa décision. Si la somme des congés obtenus ou demandés par le même fonctionnaire, employé ou agent, excède cinq jours, ou s'il y a lieu de le remplacer, la demande d'autorisation d'absence doit être adressée au directeur général par la poste et accompagnée de l'avis de l'inspecteur. Toutefois en cas d'urgence, l'inspecteur doit pourvoir sur-le-champ, au moyen du personnel de son département, à un remplacement nécessité par un cas de force majeure. Il en rend compte immédiatement au directeur général.

Art. 6. — L'inspecteur peut infliger à tous les agents et employés placés sous ses ordres, et d'un grade *inférieur* à celui de chef de station, une ou plusieurs retenues de traitement, n'excédant pas quatre jours dans le même mois. Il fait connaître tous les mois au directeur général, conformément aux instructions, les congés accordés et les punitions infligées.

Art. 7. — L'inspecteur gère, conformément aux instructions réglementaires, la comptabilité du matériel et celle des fonds.

Art. 8. — Il assure l'approvisionnement en matériel et imprimés des stations, du magasin principal et des dépôts de son département.

Art. 9. — Il étudie et établit tous les projets et devis concernant les travaux neufs ou d'entretien. Il les adresse en temps utile à l'administration. Il assure ensuite dans la limite des crédits accordés, l'exécution des travaux.

Art. 10. — Il reçoit du directeur de transmission et des chefs de station, les procès-verbaux, les rapports, et toutes les pièces relatives aux transmissions. Il les adresse au directeur général dans les délais prescrits par les instructions avec un rapport indiquant les faits qui ressortent de leur examen. Il reçoit aussi les différentes pièces de comptabilité et les fait parvenir au directeur général après en avoir vérifié l'exactitude et avoir constaté cet examen par l'apposition de sa signature et des mentions convenables.

Art. 11. — En cas de dérangement, l'inspecteur prend immédiatement toutes les mesures qu'exige le rétablissement, au moins provisoire, mais aussi prompt que possible, des communications. Si une interruption totale ou partielle se prolonge au delà de douze heures, il se transporte sur la ligne, et s'y constitue en permanence jusqu'à ce que le déran-

gement soit réparé et que tous les fils soient mis en
état de fonctionner. Les inspecteurs d'une même
ligne se concertent au besoin pour assurer les communications ; ils sont solidairement responsables des
dérangements qui se produisent sur l'étendue de
leurs parcours. L'inspecteur a la faculté de faire lui-
même, ou d'ordonner dans les stations correspondantes, les plus rapprochées de son département,
toutes les expériences qu'il juge utiles au contrôle et
aux réparations de ces lignes. Il autorise directement
toutes les dépenses nécessaires pour rétablir les communications. et rend compte au directeur général
dans un rapport détaillé de la durée de l'interruption, de ses causes, des expériences faites, des mesures prises et de la manière dont tous les fonctionnaires, employés et agents ont rempli leur devoir.

Art. 12. — Dans le courant de chaque trimestre,
l'inspecteur visite, au moins deux fois, toutes les
stations de l'état situées sur chemin de fer, et au
moins une fois toutes celles qui sont établies sur
route ; il examine et est tenu de viser tous les registres, livres d'ordre et carnets réglementaires. Il
arrête *ne varietur* tous les livres de comptabilité en
deniers et en matières, et vérifie les restes en caisse
et en magasin. Il s'assure du classement et de la
tenue des archives des stations.

Le résultat de cette vérification est consigné sur
un procès-verbal d'inspection, rédigé sur les lieux
et transmis immédiatement au directeur général.

Art. 13. — Il visite, au moins une fois par
semestre, toutes les stations des compagnies, qui
font un service télégraphique. Il examine et vise
toutes les écritures tenues en exécution des règlements. Il rend compte au directeur général du résultat de son inspection.

Art. 14. — Au moins une fois par trimestre, il
visite les lignes de son département ; il voit chaque

surveillant, inspecte son service, son équipement et son dépôt de matériel, vise ses livres et carnets. Il fait des tournées à pied, selon les besoins du service.

Art. 15. — Dans la première quinzaine de chaque trimestre, l'inspecteur adresse au directeur général le journal des différentes tournées qu'il a faites dans le trimestre précédent.

Art. 16. — En cas d'absence ou empêchement, l'inspecteur est remplacé de droit par le sous-inspecteur ou par le directeur de transmissions, dans le département où il n'y a pas de soüs-inspecteur.

### Service des sous-inspecteurs.

Article premier. — Le sous-inspecteur remplit les fonctions d'inspecteur dans les départements qui ne sont pas pourvus de fonctionnaires de ce dernier grade.

Il peut être adjoint à un inspecteur et prend alors part, sous ses ordres, aux travaux de l'inspection. Cette participation est déterminée par l'inspecteur, et fait l'objet d'une délégation spéciale qui doit être soumise à l'approbation du directeur général, et ne peut être modifiée sans son autorisation. Les rapports du sous-inspecteur, sur les parties du service dont il est chargé, sont adressés à l'inspecteur, et doivent, s'il y a lieu de soumettre à l'administration les affaires qui y sont traitées, être transmis par ce dernier au directeur général avec ses observations.

Art. 2. — Le sous-inspecteur correspond dans le département, avec les fonctionnaires, employés et agents de l'administration, pour ce qui concerne le service qui lui est attribué.

Art. 3. — Il peut appliquer, comme mesure disciplinaire, aux employés et agents de son service d'un grade inférieur à celui de chef de station, des retenues n'excédant pas trois jours de traitement par mois; il en rend compte immédiatement à l'inspecteur.

## *Service des directeurs de transmissions.*

ARTICLE PREMIER. — Le directeur de transmissions prend les mesures nécessaires pour assurer aux dépêches la transmission la plus sûre et la plus prompte. Il donne, à cet égard, les instructions convenables aux chefs de station du département.

ART. 2. — Il est responsable de l'expédition et de la traduction des dépêches officielles et privées de son bureau. A moins d'empêchement valable, il collationne et signe toutes les dépêches officielles et doit, autant que possible, agir de même pour les dépêches privées.

ART. 3. — Il est comptable des recettes de son bureau, et, à ce titre, il fournit un cautionnement déterminé en exécution de l'article 12 du décret du 20 janvier 1862.

ART. 4. — Il a sous ses ordres directs les employés et agents attachés au bureau dont la gestion lui est confiée, et sous aucun prétexte il ne doit permettre qu'ils soient distraits de leurs fonctions réglementaires sans une autorisation du directeur général. En cas d'infraction au règlement, il peut leur infliger une retenue de deux jours de traitement par mois ; il en rend compte immédiatement à l'inspecteur.

ART. 5. — Il ne correspond qu'avec l'inspecteur, excepté dans les cas déterminés par les instructions. Il lui envoie les procès-verbaux, les rapports, les comptes mensuels et toutes les pièces relatives au service des transmissions et de la comptabilité.

ART. 6. — Il veille à ce que le procès-verbal soit la reproduction exacte de tous les incidents et faits qui se produisent dans les transmissions.

ART. 7. — Il est responsable de la bonne tenue, du classement et de la conservation des registres et documents appartenant à son bureau.

Art. 8. — Il est tenu dans chaque station un livre d'ordres sur lequel sont enregistrées les instructions données par le directeur aux employés et les punitions de toute nature qui leur sont infligées, ainsi que les motifs de ces punitions. Si les mesures disciplinaires émanent du directeur général ou de l'inspecteur, l'indication des causes qui les ont occasionnées doit être empruntée à la lettre de service qui les a notifiées.

Les mouvements du personnel figurent également au livre d'ordres.

Ce document est tenu par les soins du directeur, qui seul a le droit d'y inscrire les mentions de service qui peuvent y être portées.

Art. 9. — L'ordre et les heures de présence des employés au bureau sont réglés par le directeur, conformément aux instructions de l'administration, et d'après un roulement établi de manière à répartir également entre eux les obligations du service. L'ordre de service pris à cet effet est affiché dans la salle de la manipulation. En dehors des heures réglementaires, le directeur conserve la faculté de réclamer, quand les circonstances l'exigent, le concours des employés libres en les appelant à tour de rôle pour les besoins exceptionnels du service.

Art. 10. — Le directeur reçoit de l'inspecteur le matériel et le mobilier du bureau, et en conserve l'inventaire, conformément aux instructions réglementaires.

Art. 11. — Il signale par écrit à l'inspecteur les besoins au fur et à mesure qu'ils se manifestent, et prend en charge les objets qui lui sont remis en les inscrivant sur le carnet aussitôt après leur réception.

Art. 12. — Il est responsable de la conservation du matériel du bureau et de l'usage qui en est fait par les employés et agents sous ses ordres.

Art. 13. — Il fait maintenir les locaux et le matériel

du bureau dans un état constant d'ordre et de propreté.

Art. 14. — Il est responsable de l'état de la pile, et charge spécialement un facteur de son entretien matériel. Les employés à tour de rôle sont désignés pour assister et diriger le facteur dans cette opération.

Art. 15. — Il veille au réglage des appareils de son bureau; il tient la main à l'exécution fidèle de toutes les observations et expériences qui lui sont demandées, soit pour la vérification de l'état des lignes, soit pour le réglage des appareils correspondants.

Art. 16. — Il pourvoit au chauffage et à l'éclairage du bureau au moyen de l'indemnité qui lui est allouée. Il en est de même pour les frais de bureau et les menues dépenses concernant l'entretien et la propreté des piles et des pièces affectées au service.

Art. 17. — En cas d'accident ou de dérangement de ligne, il en avertit le surveillant en résidence dans la localité ou celui qui en est le plus voisin, et informe l'inspecteur par la voie la plus prompte.

Art. 18. — Il avertit par écrit l'inspecteur des fautes ou de la négligence dont les surveillants se rendraient coupables.

Art. 19. — Le directeur ne peut introduire dans la salle de manipulation aucune personne étrangère au service, sans l'autorisation du directeur général, et cette autorisation doit être demandée par la poste.

### *Service des Chefs de station.*

Article premier. — Le chef de station est responsable de l'expédition et de la traduction des dépêches officielles et privées de sa station. Il se conforme aux instructions qu'il reçoit du directeur de transmissions relativement au service des transmissions. A moins d'empêchement valable, il collationne et signe toutes les dépêches officielles. Il doit, autant que possible, agir de même pour les dépêches privées. Il prend part à la manipulation et au maniement des appareils toutes les fois que ce concours est utile.

Art. 2. — Il est comptable des recettes de sa station, et, à ce titre, il fournit un cautionnement déterminé, en exécution de l'article 12 du décret du 20 janvier 1862.

Art. 3. — Il a sous ses ordres directs les employés et agents attachés à la station, dont la gestion lui est confiée, et, sous aucun prétexte, il ne doit permettre qu'ils soient distraits de leurs fonctions réglementaires sans une autorisation du directeur général. En cas d'infraction au règlement, il peut leur infliger une retenue d'un jour de traitement par mois, mais il en doit rendre compte immédiatement à l'inspecteur départemental.

Art. 4. — Il ne correspond qu'avec l'inspecteur, excepté dans les cas déterminés par les instructions. Il lui envoie directement les procès-verbaux, les rapports, les comptes mensuels et toutes les pièces relatives aux services des transmissions et de la comptabilité.

Art. 5. — Il veille à ce que le procès-verbal soit la représentation exacte de tous les incidents et faits qui se sont produits dans les transmissions.

Art. 6. — Il est responsable de la bonne tenue, du classement et de la conservation de tous les registres et documents appartenant à la station.

Art. 7. — Il est tenu, dans chaque station, un livre d'ordres, sur lequel sont enregistrées les instructions données par le chef de station aux employés et les punitions de toute nature qui leur sont infligées, ainsi que les motifs de ces punitions. Si les mesures disciplinaires émanent du directeur général ou de l'inspecteur, l'indication des causes qui les ont occa-

sionnées doit être empruntée à la lettre de service
qui les a notifiées.

Les mouvements du personnel figurent également
au livre d'ordres. Ce document est tenu par les soins
du chef de station, qui seul a le droit d'y inscrire les
mentions de service qui peuvent y être portées.

ART. 8. — L'ordre et les heures de présence des
employés au bureau sont réglées par le chef de station, conformément anx instructions de l'administration et d'après un roulement destiné à répartir également les obligations du service. L'ordre du service
pris à cet effet est affiché dans la salle de manipulation.

ART. 9. — Il reçoit de l'inspecteur le matériel et
le mobilier de la station, et en conserve l'inventaire,
conformément aux instructions réglementaires.

ART. 10. — Il signale par écrit à l'inspecteur les
besoins au fur et à mesure qu'ils se manifestent et
prend en charge les objets qui lui sont remis, en les
inscrivant sur le carnet aussitôt après réception.

ART. 11. — Il est responsable de la conservation
du matériel de la station et de l'usage qui en est fait
par les employés et agents sous ses ordres.

ART. 12. — Il fait maintenir les locaux et le matériel de la station dans un état constant d'ordre et
de propreté.

ART. 13. — Il est responsable de l'état de la pile,
et charge spécialement un facteur de son entretien
matériel. Les employés à tour de rôle assistent le
facteur dans cette opération.

ART. 14. — Il veille au réglage des appareils de la
station; il tient la main à l'exécution fidèle de toutes
les observations et expériences qui lui sont demandées, soit pour la vérification de l'état des lignes, soit
pour le réglage des appareils correspondants.

ART. 15. — Il pourvoit au chauffage et à l'éclairage de la station, au moyen de l'indemnité qui lui

est allouée. Il en est de même pour les frais de bureau et les menues dépenses concernant l'entretien et la propreté des piles et des pièces affectées au service.

Art. 16. — En cas d'accident ou de dérangement de ligne, il en avertit immédiatement le surveillant en résidence dans la localité ou celui qui en est le plus voisin, et informe l'inspecteur par la voie la plus prompte.

Art. 17. — Il avertit par écrit l'inspecteur des fautes ou de la négligence dont les surveillants se rendraient coupables.

Art. 18. — Le chef de station ne peut introduire dans la salle des manipulations aucune personne étrangère au service sans l'autorisation du directeur général, et cette autorisation doit être demandée par la poste.

### Service des commis principaux.

Article premier. — Le commis principal est adjoint aux chefs de bureaux dans les stations où l'importance du travail l'exige. Il prend part à tous les détails du service; mais il est plus spécialement chargé, sous l'autorité du directeur des transmissions ou du chef de station : de maintenir l'ordre et la discipline dans le bureau ; de veiller à ce que les dépêches reçoivent une direction convenable et un prompt écoulement, à ce que les employés répondent sans retard aux appels des postes correspondants et se conforment aux instructions qui règlent le service des transmissions. En cas de dérangement, il vérifie l'état du poste et rend compte au chef du bureau du résultat de ses recherches.

Art. 2. — En cas d'empêchement du chef du bu-

reau, le commis principal prend de droit la direction
du service.

ART. 3. — Le commis principal peut être chargé de
la gestion des bureaux mixtes établis dans les gares
de chemins de fer ; il dirige alors le service télégra-
phique.de l'Etat et celui de la compagnie.

### Service des employés.

ARTICLE PREMIER. — Les employés manœuvrent et
entretiennent les appareils, reçoivent et expédient les
dépêches et coopèrent à la perception des taxes sous
l'autorité du directeur de transmissions ou du chef
de station.

ART. 2. — Il est expressément interdit d'employer
les appareils à tout autre usage qu'à celui des transmissions réglementaires, qui doivent toujours être
mentionnées sur le procès-verbal. Toutes celles dont
l'employé est obligé de prendre l'initiative pour les
besoins du service doivent y être inscrites *in extenso*.

ART. 3. — Les employés se conforment exactement
aux instructions spéciales sur l'emploi des signaux
et aux ordres qui règlent les correspondances entre
les bureaux.

ART. 4. — Les employés tiennent en parfait état
de propreté et d'entretien tous les appareils dont ils
font emploi. Ils doivent chaque jour, au moment où
ils prennent leur service, visiter et nettoyer tous les
contacts. En cas de dérangement des appareils ou de
la ligne, ils en préviennent sur le champ le chef du
bureau ou le commis principal, chargé de la surveillance du poste. Ils assistent à tour de rôle le facteur
chargé de l'entretien de la pile et lui donnent les indications nécessaires pour cette opération.

ART. 5. — Les employés font toutes les expériences
et les observations qui leur sont ordonnées par le

chef du bureau ou le commis principal. Ils se conforment rigoureusement et sans objection, à toutes les demandes qui leur sont faites régulièrement des postes correspondants, pour faciliter les expériences jugées nécessaires à la vérification et au réglage des appareils ; sous aucun prétexte ils ne peuvent refuser les dépêches qui leur sont présentées par leurs correspondants. Les observations qu'ils croient utiles de faire sont consignées au procès-verbal.

ART. 6. — Les employés transmettent et reçoivent toutes les dépêches d'exercice nécessaires pour l'instruction des surnuméraires.

ART. 7. — Dans tous les bureaux où le service n'est pas permanent, les séances sont prolongées au-delà des heures de clôture réglementaires, jusqu'à ce que les lignes n'aient plus rien à transmettre du service de jour.

ART. 8. — L'ordre de service dans chaque poste est réglé, par le directeur ou chef de station, conformément aux instructions administratives ; néanmoins les employés devant tout leur temps au service, peuvent à toute heure, être appelés à participer au travail de la station. Chaque employé de service doit être présent à l'ouverture de la séance ; il ne peut s'absenter pendant la durée de son service, ni se faire remplacer par un de ses collègues, sans une autorisation du chef du bureau.

ART. 9. — Les employés constatent sur le procès-verbal tout ce qui, dans le service, n'est pas parfaitement régulier.

ART. 10. — Tout employé qui, volontairement, retarderait ou empêcherait les communications, serait passible de révocation, sans préjudice des poursuites judiciaires dont il pourrait être l'objet.

ART. 11. — Il est absolument interdit aux employés d'introduire, dans la salle des appareils, des personnes étrangères au service télégraphique.

Art. 12. — Toute demande adressée par un employé à l'un de ses supérieurs ne peut être transmise que par l'intermédiaire de son chef immédiat.

*Service des chefs surveillants et des surveillants.*

ARTICLE PREMIER. — Les chefs surveillants, placés sous l'autorité immédiate de l'inspecteur départemental, sont préposés à l'entretien des lignes du département. Ils donnent aux surveillants les ordres nécessaires à cet égard et s'assurent de la régularité de leurs tournées. Les chefs surveillants et les surveillants exécutent d'ailleurs les travaux de toute nature qui leur sont prescrits par l'inspecteur. Ils constatent les délits et contraventions relatifs à la police des lignes. Lorsque l'organisation ou les besoins du service l'exigent, les surveillants prennent part au service du port des dépêches.

Art. 2. — Les chefs surveillants font toutes les tournées qui leur sont prescrites par les inspecteurs. Ils ont droit aux frais de route et de séjour déterminés par l'arrêté ministériel du 20 février 1862, toutes les fois qu'ils découchent et qu'ils sont dans la nécessité d'employer des voitures.

Art. 3. — Les surveillants sur chemin de fer font en voiture une tournée générale par semaine, et visitent à pied en détail, deux fois par mois, toute la portion de ligne confiée à leurs soins. Quatre journées par semaine sont consacrées aux visites de détail, de manière à ce que chaque agent suive à pied tout son parcours en huit journées.

Art. 4. — Les surveillants sur route font à pied une tournée par semaine sur les lignes importantes à plusieurs fils, et une tournée par mois sur les embranchements secondaires à un seul fil. Ils peuvent consacrer plusieurs jours à leurs tournées, et reçoivent, pour frais de découché, l'indemnité de frais de séjour fixée par l'arrêté ministériel du 28 février 1862. Lorsqu'un dérangement est signalé, ces agents sont autorisés, et invités, au besoin, à prendre les voitures publiques pour se transporter sur le lieu de l'accident, et reçoivent, à titre d'indemnité, des frais de route calculés à raison de 2 fr. par myriamètre parcourus en voiture, et, le cas échéant, des frais de découché.

Art. 5. — Dans l'intervalle de leurs tournées, les surveillants qui résident près d'une station télégraphique se rendent tous les jours à ce bureau, aux heures qui leur sont indiquées, et en général de neuf heures du matin à cinq du soir. Ils y restent à la disposition du chef de bureau pour les besoins du service; ils concourent au port des dépêches à domicile et à l'entretien des piles, et ils peuvent même dans certaines localités en être exclusivement chargés.

Art. 6. — Au premier avis qui leur est donné par le chef du bureau ou l'employé de service, l'un des surveillants de garde doit se transporter sans délai sur la section en dérangement, quel que soit d'ailleurs le parcours dont elle dépend. Si l'avarie a une certaine gravité et ne peut être réparée complètement par un seul homme, ses collègues sont envoyés à son aide, et, suivant les circonstances, se transportent sur le lieu de l'accident à pied ou en voiture. Ils prennent à cet égard les instructions de l'inspecteur et à son défaut du chef de bureau.

Art. 7. — Les surveillants procèdent dans les mêmes conditions à tous les travaux d'entretien des lignes. Chacun d'eux fait, durant ses visites de détail, les travaux extraordinaires, redressement de poteaux, remplacement d'isolateurs, etc., qu'il est en mesure de terminer seul, ainsi que les réparations nécessaires pour prévenir un dérangement imminent. Il doit, à cet effet, dans ses tournées, être porteur de ses outils, l'échelle pouvant être remplacée par une paire d'étriers. Il est d'ailleurs autorisé, dans les cas urgents et pour des travaux exceptionnels, à se faire assister par des ouvriers pris sur les lieux. Réunis en atelier, les divers surveillants d'une même résidence ou d'un même département, effectuent les opérations plus importantes.

ART. 8. — Deux fois par an, aux époques fixées par l'inspecteur, un atelier, formé de deux, trois ou quatre surveillants, suivant les exigences du service, parcourt complètement les lignes du département pour opérer le nettoyage des supports et remettre les lignes en parfait état d'entretien. Ces agents placés sous la conduite du chef surveillant ou d'un surveillant désigné, ont droit aux allocations attribuées aux tournées ordinaires. Des ouvriers pris sur les lieux peuvent leur être adjoints lorsque l'état des lignes l'exige ou lorsque le nombre des surveillants pouvant s'éloigner de leur résidence est insuffisant.

ART. 9. — Des livrets fournis par l'administration sont déposés dans les stations télégraphiques et dans les mairies. Les surveillants y mentionnent à côté de leur signature la date et l'heure de leur passage. Les chefs surveillants s'assurent de l'exactitude avec laquelle les surveillants accomplissent leurs tournées et apposent eux-mêmes leur signature sur ces livrets.

ART. 10. — Un ordre de service fixant les tournées des surveillants est déposé dans toutes les stations du département et même dans celles des départements limitrophes qui ont intérêt à le connaître.

ART. 11. — Les frais de route et de séjour auxquels les chefs surveillants et les surveillants ont droit sont payés par trimestre. Le droit aux frais de route alloués dans le cas de dérangement est constaté par l'ordre écrit du fonctionnaire ou employé qui a invité le surveillant à se transporter sur les lieux.

4.

Art. 12. — Les surveillants doivent tenir leurs outils en bon état et les représenter à toute réquisition. Ces outils sont fournis et renouvelés par l'administration ; mais toute détérioration non justifiée ou provenant d'un mauvais entretien, entraîne le renouvellement au compte des surveillants. Les brosses, éponges et linges sont à la charge des surveillants.

Art. 13. — Chaque surveillant conserve à son domicile un livre d'ordre qui renferme les instructions générales de l'administration et les ordres spéciaux de l'inspecteur. Il a en outre un livre journal sur lequel il écrit, à leur date, tous les mouvements du matériel qui lui est confié, afin d'en rendre compte au chef surveillant.

Art. 14. — Le chef surveillant tient la comptabilité du magasin principal et des différents dépôts du département. Il veille à ce que les surveillants entretiennent convenablement les objets qu'ils renferment. Il fait les expéditions du matériel. Il est responsable vis-à-vis de l'inspecteur.

Art. 15. — Quand le chef surveillant et les surveillants sont de service, ils doivent être en uniforme et porteurs de leurs insignes.

### Service des facteurs.

Article premier. — Les facteurs sont chargés de la distribution des dépêches à domicile et du service intérieur des bureaux. Ils sont sous les ordres immédiats du directeur des transmissions ou du chef de station.

Art. 2. — Ils se rendent chaque jour avant l'ouverture à la station, nettoient et préparent la salle d'attente, le cabinet du chef du bureau et le poste télégraphique.

Art. 3. — Ils portent, avec toute la célérité possible, les dépêches officielles et privées au domicile des destinataires et font inscrire sur le reçu l'heure et la minute de la remise. Ils font toutes les courses qui leur sont commandées par le chef du bureau pour les affaires du service.

Art. 4. — Dans les intervalles des courses, ils se tiennent à la station, dans la salle d'attente, ou s'il n'y en a pas, à la place qui leur est assignée par le chef du bureau.

Art. 5. — Les facteurs ne doivent, dans aucun cas, se charger de remettre et de faire taxer à la station les dépêches du public.

Art. 6. — Dans les courses pour le service, ils sont toujours revêtus de leur uniforme et munis d'un portefeuille dans lequel ils doivent renfermer leurs dépêches.

Art. 7. — Ils sont chargés de l'entretien du matériel de la pile.

Art. 8. — Toute demande adressée par un facteur à un de ses supérieurs doit être transmise par l'intermédiaire du chef de bureau.

Art. 9. — Tout facteur qui ouvrira les plis contenant les dépêches qu'il est chargé de distribuer sera révoqué, sans préjudice des poursuites judiciaires dont il pourrait être l'objet.

Art. 10. — Est passible de révocation tout facteur qui perd une dépêche confiée à ses soins, ou qui se met pendant le service en état d'ivresse.

### ARRÊTÉ MINISTÉRIEL RELATIF AUX ABSENCES IRRÉGULIÈRES. *(5 septembre 1862.)*

Article 1er. — Tout fonctionnaire ou agent qui fait, en dehors de la résidence ou du département *auquel il est attaché*, une absence irrégulière de huit jours, cesse de droit de faire partie de l'administration.

------

### PRESTATION DE SERMENT DES SURVEILLANTS. *(Décision du ministre des finances du 3 février 1855).*

Le décret du 27 décembre 1861 sur les lignes télégraphiques contient les dispositions suivantes :

« ART. 10. — Les crimes, délits ou contraven-
» tions prévus dans la présente loi, pourront être
» constatés par les procès-verbaux dressés concur-
» remment par les officiers de police judiciaire, les
» commissaires et sous-commissaires préposés à la
» surveillance des chemins de fer, les inspecteurs
» des lignes télégraphiques, les agents de surveil-
» lance nommés ou agréés par l'administration et
» *dûment assermentés.* Ces procès-verbaux feront foi
» jusqu'à preuve contraire.

» ART. 11. — Les procès-verbaux dressés en
» vertu de l'article précédent seront visés pour tim-
» bre et enregistrés en débet. Ceux qui auront été
« dressés par des agents de surveillance assermentés
» devront être affirmés dans les trois jours, à peine
» de nullité, devant le juge de paix ou le maire, soit
» du lieu du délit ou de la contravention, soit de la
» résidence de l'agent. »

Les surveillants des lignes télégraphiques, classés au pénultième rang, dans le tableau du personnel *(décret du 1er juin 1854)*, ne sont que de simples gardes dont le service peut être comparé à celui des gardes champêtres, des gardes forestiers et des gardes des douanes. L'analogie qui existe entre les fonctions de ces divers agents a déterminé le ministre des finances à décider le 3 février 1855, que les actes constatant la prestation de serment des surveillants des lignes télégraphiques ne seront assujétis qu'au droit fixe de 3 francs, par application de l'article 68, § III, n° 3, de la loi du 22 frimaire, an VII.

---

## UNIFORME DES FONCTIONNAIRES ET AGENTS.
### *(Arrêté ministériel du 9 juillet 1862).*

L'uniforme des fonctionnaires et agents des lignes télégraphiques est réglé ainsi qu'il suit :

Habit en drap bleu de roi, collet et parements en drap bleu flore, broderies en argent du même dessein que celle des ingénieurs des ponts et chaussés. Gilet blanc. Pantalon bleu ou blanc avec bande d'argent. Chapeau français à plumes noires pour le directeur général, les inspecteurs généraux, les inspecteurs et les sous-inspecteurs; sans plumes pour les autres fonctionnaires et employés. Epée à poignée de nacre, garde argentée. Boutons en argent à l'aigle, avec l'exergue : *Lignes télégraphiques.*

DIRECTEUR GÉNÉRAL. — Broderies au collet, parements et taille, bouquet de poches, baguette et bord courant autour de l'habit, s'étendant sur toute la poitrine.

INSPECTEURS GÉNÉRAUX. — Broderie au collet, parements et taille, bouquet de poche, baguette et bord courant autour de l'habit.

INSPECTEURS. — Broderie au collet, parement et taille, bouquet de poche, baguette autour de l'habit.

SOUS-INSPECTEURS. — Broderie au collet et parements, écusson à la taille.

DIRECTEURS DES TRANSMISSIONS. — Broderie au collet et parements.

CHEFS DE STATIONS ET ÉLÈVES. — Broderie au collet et double baguette dentelée aux parements.

COMMIS PRINCIPAUX ET TRADUCTEURS. — Broderie au collet et baguette dentelée aux parements.

EMPLOYÉS. — Broderie au collet.

CHEFS SURVEILLANTS. — Tunique en drap bleu de roi, collet et parements en drap bleu flore, galon en argent de 3 millimètres au collet. Pantalon bleu, avec bande bleu flore. Casquette en drap bleu de roi, bandeau en drap bleu flore, deux galons d'argent, aigle au dessus.

SURVEILLANTS. — *Tenue de ville.* — Tunique en drap bleu de roi, collet et parements de drap bleu flore. Galon en argent de 3 millimètres au collet. Pantalon bleu, avec bande bleu flore. Casquette en drap bleu de roi, bandeau bleu flore, un galon en argent, aigle au dessus.

*Tenue de travail.* — Blouse en toile bleue, collet en drap bleu rabattu. Pantalon de drap bleu sans bande pour l'hiver. Pantalon de coutil bleu à raies pour l'été. Ceinture avec plaque portant ces mots : *Lignes télégraphiques, surveillant.* Même casquette que pour la tenue de ville.

FACTEURS. — Tunique en drap bleu de roi, collet et parements en drap bleu flore ; numéro d'ordre au collet. Pantalon en drap bleu pour l'hiver, en coutil gris pour l'été. Casquette à l'aigle sans galon.

ADMISSION A LA RETRAITE DES FONCTIONNAIRES ET AGENTS DE L'ADMINISTRATION DES LIGNES TÉLÉGRAPHIQUES QUI COMPTENT 30 ANNÉES DE SERVICE ET ONT ACCOMPLI LEUR 60ᵉ ANNÉE. *(Rapport à S. M. l'Empereur, approuvé le 29 janvier 1862.)*

Sire,

Votre Majesté a bien voulu par un décret du 20 janvier courant procéder à une réorganisation complète de l'administration des lignes télégraphiques.

Ce décret n'a pas reproduit les dispositions de celui du 29 novembre 1858, établissant une limite d'âge pour l'admission d'office à la retraite des fonctionnaires et agents de ce service.

Il est plus que jamais nécessaire d'adopter à cet égard une règle fixe et invariable.

Plusieurs administrations publiques ont reconnu l'utilité d'une semblable mesure. C'est ainsi que les magistrats de l'ordre judiciaire parvenus à un certain âge sont admis à faire valoir leurs droits à la retraite en vertu d'un décret du 1ᵉʳ mars 1852, qui a été étendu depuis aux agents supérieurs des régies financières et à divers fonctionnaires du ministère de l'intérieur.

Aux termes du 1ᵉʳ paragraphe de l'article 5 de la loi du 9 juin 1853, le droit à pension est acquis, par ancienneté à 60 ans d'âge et après 30 ans accomplis de service.

Ce principe me paraît devoir être rigoureusement appliqué au personnel du service télégraphique. La situation que l'abaissement de la taxe vient de créer à l'administration ne permet pas en effet, de maintenir dans leur emploi les fonctionnaires et agents qui remplissent les conditions ci-dessus indiquées.

Par suite du développement considérable que le service est appelé à recevoir, les employés doivent à tous les degrés de la hiérarchie, déployer une activité constante. Les titulaires des grades supérieurs sont notamment tenus d'exercer sur le travail de leurs subordonnés un contrôle permanent qui exige une grande énergie et les astreint à de nombreux et pénibles déplacements. Malgré le zèle et le dévouement dont ils ne cessent de faire preuve il est à craindre qu'ils ne puissent pas toujours répondre aux devoirs multiples de leur position.

J'ai en conséquence l'honneur, Sire, de demander à Votre Majesté de vouloir bien décider qu'il sera pourvu d'office au remplacement des fonctionnaires et agents de l'administration des lignes télégraphiques qui compteront 30 ans de services et qui auront accompli leur 60ᵉ année. Cette mesure appliquée indistinctement aurait l'avantage d'assurer la marche régulière du service, sans froisser d'honorables susceptibilités.

Si Votre Majesté daigne donner son assentiment à la proposition que je prends la liberté de lui soumettre, je la prie de vouloir bien revêtir le présent rapport de son approbation. (Approuvé par l'Empereur, le 29 janvier 1862.)

# FRANCHISE TÉLÉGRAPHIQUE

—

ARRÊTÉ MINISTÉRIEL QUI DÉTERMINE LES FONCTIONNAIRES AYANT LE DROIT DE REQUÉRIR LA TRANSMISSION GRATUITE DE LEURS DÉPÊCHES PAR VOIE TÉLÉGRAPHIQUE. *(19 avril 1859.)*

Article 1er. — La franchise télégraphique illimitée appartient à S. M. l'Impératrice ; LL. AA. II. le prince Napoléon ; la princesse Clotilde et la princesse Mathilde.

ART. 2. — La correspondance des fonctionnaires publics, exclusivement relative au service de l'état est seule transmise gratuitement par le télégraphe.

ART. 3. — Les fonctionnaires ci-après dénommés sont autorisés à requérir directement de l'administration des lignes télégraphiques la transmission gratuite de leurs dépêches *administratives*.

Maison de l'Empereur. — Le grand maréchal du palais ; le grand chambellan ; le grand maître des cérémonies ; le chef du cabinet de l'Empereur ; l'aide de camp de service ; le chambellan de service. Tout dignitaire ou officier en mission spéciale pour le service de Sa Majesté.

Les ministres ; les maréchaux commandants supérieurs ; les préfets ; les sous-préfets ; le maire de Calais ; les généraux commandant les divisions militaires ; les généraux commandant les subdivisions ; (en résidence ou non au chef-lieu de la division) ; les généraux commandant un corps d'armée ; les commandants militaires, (c'est-à-dire les chefs de corps investis d'un commandement militaire exceptionnel) ; les intendants militaires ; les sous-intendants (dans les villes où il n'y a pas d'intendants ; quand il y a plusieurs sous-intendants, dans la même ville, la franchise n'appartient qu'au plus ancien, qui vise alors les dépêches de ses collègues) ; les préfets maritimes ; les commissaires maritimes; chefs de service, etc. (dans les villes où il n'y a pas de préfet maritime) ; le syndic des gens de mer à St-Nazaire (avec le commissaire de marine à Nantes) ; les commandants d'escadres ; les procureurs généraux ; les procureurs impériaux (dans les villes où il n'y a pas de procureur général) ; le directeur général des postes ; les agents diplomatiques à l'étranger ; l'agent des affaires étrangères à Marseille ; le directeur de la santé à Marseille (avec le ministre du commerce); les premiers présidents des cours impériales (avec les ministres seulement) ; les receveurs généraux des finances (avec les ministres seulement) ; les archevêques et évêques (avec les ministres) ; le président de la commission des monnaies de Paris, avec le directeur de la monnaie de Strasbourg ; le directeur des postes de Calais avec le directeur général des postes ; le commissaire spécial du port de Calais avec les ministres de l'intérieur et des affaires étrangères ; les commissaires spéciaux de police sur les chemins de fer (1° avec le ministre de l'intérieur ; 2° avec leurs collègues, résidant sur une même ligne de chemin de fer ; 3° avec les inspecteurs de police placés sous leurs ordres) ; les ingé-

nieurs, commissaires (*), sous commissaires et autres
agents préposés à la surveillance administrative des
compagnies de chemin de fer (avec le ministre des
travaux publics, pour les dépêches relatives aux accidents sur les voies ferrées) ; les maires dans les
villes où il n'y a pas de sous-préfet, (et seulement
avec le préfet et le sous-préfet et le procureur impérial de l'arrondissement).

ART. 4. Les chefs de bureaux ambulants de l'administration des postes, sont admis à transmettre
gratuitement par les fils et appareils des compagnies
de chemin de fer, les dépêches qui intéressent leur
service. Le proposé des postes à la gare de St-Rambert est également autorisé à requérir le télégraphe
de la compagnie du Dauphiné, pour signaler aux
directeurs des postes de Grenoble les retards du
train-poste de Marseille.

ART. 5. — La compagnie d'Orléans est autorisée
à expédier en franchise, par ses fils et appareils, les
dépêches adressées à l'ingénieur en chef du département de l'Indre, par les conducteurs des ponts et
chaussées en résidence à Argenton et relatives à la
hauteur des eaux de la Creuse et aux quantités d'eaux
tombées dans le bassin de cette rivière. Les dépêches de l'ingénieur en chef devront être visées par
le préfet.

ART. 6. — A Paris, le droit à la franchise télégraphique n'appartient qu'aux ministres et à leurs délégués ; cette restriction n'est pas applicable aux
dignitaires et officiers de la maison de l'empereur
dénommés à l'article 3.

ART. 7. — Tout fonctionnaire non dénommé à
l'article 3, ne peut requérir, la transmission gratuite

(*) Voyez l'arrêté du 14 février 1860, article 1er et celui du 6 février 1863
pour l'extension du droit de franchise télégraphique accordé aux commissaires
de surveillance administrative et aux commissaires spéciaux.

d'une dépêche concernant son administration, si cette dépêche n'est préalablement revêtue du visa de l'autorité dont il relève. L'ordre de répondre par télégraphe équivaut au visa. Les dépêches des officiers de gendarmerie peuvent être visées indistinctement par l'autorité militaire civile ou judiciaire.

Art. 8. — Nul ne peut viser une dépêche s'il n'est autorisé lui-même à correspondre en franchise.

Art. 9. — L'abus du droit de franchise télégraphique dans un intérêt privé donnera lieu à une répétition de taxe conformément aux tarifs en vigueur.

---

ARRÊTÉ MINISTÉRIEL DU 9 DÉCEMBRE 1859, QUI AUTORISE LES INGÉNIEURS DES PONTS ET CHAUSSÉES DE TOUS GRADES A TRANSMETTRE EN FRANCHISE DES DÉPÊCHES RELATIVES A LA CRUE DES COURS D'EAU.

ARTICLE PREMIER. — Les ingénieurs et agents des ponts et chaussées de tous grades sont autorisés à requérir directement de l'administration des lignes télégraphiques la transmission gratuite de leurs dépêches relatives aux crues des cours d'eau, et échangées, soit entre eux, soit avec MM. les préfets, sous-préfets et maires, dans l'étendue du bassin fluvial où leur résidence est fixée.

Art. 2. — La franchise télégraphique est également accordée, tant sur les lignes françaises, que sur les lignes suisses à M. l'ingénieur en chef chargé du service du Rhône, pour la correspondance de même nature, qu'il pourra avoir à échanger avec M. le directeur de l'observatoire de Genève.

ARRÊTÉ MINISTÉRIEL PORTANT EXTENSION DU DROIT DE FRANCHISE ACCORDÉ AUX COMMISSAIRES DE SURVEILLANCE ADMINISTRATIVE PRÈS LES COMPAGNIES DE CHEMIN DE FER. *(14 février 1860.)*

ARTICLE PREMIER. — La franchise télégraphique est accordée aux commissaires de surveillance administrative près les compagnies de chemin de fer pour leur correspondance avec le préfet du département, le procureur impérial du ressort et l'ingénieur en chef du contrôle, en cas d'accident suivi de mort ou de blessures graves.

ARRÊTÉ MINISTÉRIEL ÉTENDANT LE DROIT DE FRANCHISE TÉLÉGRAPHIQUE AUX COMMISSAIRES SPÉCIAUX DE POLICE POUR LEUR CORRESPONDANCE DE SERVICE, AVEC LE PRÉFET DE POLICE. *(6 février 1863.)*

Les commissaires spéciaux de police sur les lignes de chemin de fer sont autorisés à requérir directement de l'administration des lignes télégraphiques, la transmission gratuite des dépêches administratives qu'ils adresseront au préfet de police, directeur général de la sûreté publique.

### CIRCULAIRE DE LA DIRECTION GÉNÉRALE AU SUJET DE L'EMPLOI DU TÉLÉGRAPHE POUR LES COMMUNICATIONS DE SERVICE. *(5 janvier 1861.)*

Monsieur le directeur divisionnaire, je crois nécessaire d'appeler de nouveau votre attention sur la nécessité de n'employer le télégraphe, pour les communications de service, qu'avec une extrême réserve : la multiplicité des transmissions de cette nature surcharge inutilement les lignes, et il importe de n'en faire usage qu'en cas d'urgence et de nécessité absolue, c'est-à-dire lorsque le mode de correspondance ordinaire serait évidemment insuffisant. Veuillez vous conformer avec soin à ces observations, et donner des ordres en conséquence aux fonctionnaires et agents de votre circonscription, en ne leur laissant pas ignorer que je me verrais à regret, obligé de soumettre à la taxe comme dépêche privée toute communication télégraphique de service qui ne serait pas justifiée par les circonstances.

# FRANCHISE POSTALE

INSTRUCTIONS RELATIVES AUX FRANCHISES POSTALES.
*(Direction générale, 3 avril 1860.)*

Par arrêté des 6 juin, 6 septembre 1859 et 13 février 1860, M. le ministre des finances a pris les dispositions suivantes :

ARTICLE PREMIER. — Sont autorisés à correspondre en franchise :

1º Les directeurs divisionnaires des lignes télégraphiques avec : les directeurs divisionnaires dans toute l'étendue de l'empire ; les préfets des départements ; les receveurs généraux et les receveurs particuliers des finances ; les inspecteurs des lignes télégraphiques ; les directeurs de station des lignes télégraphiques ; les stationnaires des lignes télégraphiques chargés d'un service ; les surveillants des lignes télégraphiques *dans le ressort de leur circonscription.*

2º Les inspecteurs des lignes télégraphiques avec :

le directeur divisionnaire et l'inspecteur dont ils relèvent ; les directeurs en station ; les stationnaires chargés d'un service ; les surveillants *dans le ressort de leur circonscription.*

3º Les directeurs de station de lignes télégraphiques avec : le directeur divisionnaire et l'inspecteur dont ils relèvent ; le receveur général ou particulier des finances de l'arrondissement dans lequel est situé le bureau télégraphique ; les directeurs de station et les stationnaires chargés d'un service dont les bureaux sont limitrophes.

4º Les stationnaires des lignes télégraphiques chargés d'un service avec : le directeur divisionnaire et l'inspecteur dont ils relèvent ; le receveur général ou particulier des finances de l'arrondissement dans lequel est situé le bureau télégraphique ; les directeurs de station et les stationnaires d'un service dont les bureaux sont limitrophes.

5º Les surveillants des lignes télégraphiques avec : le directeur divisionnaire et l'inspecteur dont ils relèvent.

ART. 2. — La correspondance échangée entre les fonctionnaires et agents désignés ci-dessus sera expédiée *sous bandes ou sous plis fermés en cas de nécessité.* Toutefois, celle qui sera destinée aux receveurs des finances devra être transmise *exclusivement* sous bandes.

ART 3. — Les directeurs divisionnaires et les inspecteurs des lignes télégraphiques en tournée pourront correspondre en franchise dans toute l'étendue de leur circonscription, avec les fonctionnaires et agents désignés sous les nᵒˢ 1 et 2, de l'article 1ᵉʳ, mais ils ne pourront déléguer leur contreseing à aucune personne au siége de leur résidence.

Lorsqu'un fonctionnaire sera hors d'état de remplir ses fonctions par absence, maladie ou toute autre cause légitime, le fonctionnaire qui le remplacera par intérim contre-signera la dépêche à sa place ; mais en contre-signant chaque dépêche il énoncera qu'il remplit par intérim les fonctions auxquelles le contre-seing est attribué. (*Ordonnance du 17 novembre 1844, article 16.*)

J'appelle surtout votre attention sur la nécessité de restreindre autant que possible l'emploi du *pli fermé :* vous ne devez en faire usage que dans le cas d'absolue nécessité, c'est-à-dire, lorsque vous aurez à transmettre des documents secrets ou à traiter d'affaires tout à fait confidentielles. Je crois devoir aussi vous rappeler qu'aux termes de l'article 10 § 2 de l'ordonnance du 17 novembre 1844, « les formules d'imprimés à l'usage des fonctionnaires ou établissements publics sont formellement exclues de la franchise attribuée à la correspondance de service des fonctionnaires publics. »

Il en est de même des mandats d'articles d'argent délivrés au profit d'agents changés de résidence, qui n'ayant pu toucher eux-mêmes leur traitement avant leur départ se le font adresser en un bon sur la poste.

Je vous recommande de veiller à la stricte exécution de ces prescriptions ; je n'hésiterais pas à réprimer, par les mesures les plus sévères, les abus du droit de franchise qui me seraient signalés par l'administration des postes.

# DEUXIÈME PARTIE

---

# DICTIONNAIRE

ADMINISTRATIF & PROFESSIONNEL DE LA TÉLÉGRAPHIE
ÉLECTRIQUE & AÉRIENNE.

**ABONNEMENT.** Voyez TAXE, DÉPÊCHES et page 21.

**ABONNEMENTS DES STATIONS.** Les frais de chauffage et d'éclairage, les fournitures de bureaux nécessaires au service des stations sont fournis directement et sous la responsabilité du chef de station. Ils ne figurent sur aucun compte-matière et ce fonctionnaire peut en disposer à son gré s'il change de résidence, pourvu toutefois que son successeur ait assuré le service par la fourniture d'objets nouveaux. C'est de même sur les frais d'abonnement que les chefs de station font exécuter les réparations locatives dans les pièces affectées au service lorsque ces réparations ne sont pas nécessitées par des travaux exécutés par ordre de l'administration. (*Circulaire* nº 188). Voyez LOGEMENT PARTICULIER.

**ABRÉVIATIONS TÉLÉGRAPHIQUES.** On abrége *Monsieur* par *M.*, *Messieurs*, par deux *MM.*, *nous*, par *ns*, *vous*, par *vs*, *numéro*, par *nº*, lorsque ces mots ne peuvent donner lieu à aucune méprise. *(Circulaire* nº 2.)

Dans les dépêches anglaises les abréviations suivantes sont admises :

*Cif*, pour *cost insurance freight;*

*Fob*, pour *free on board;*

*Costfreight*, mot composé de *cost* et de *freight;*

*Wirereply*, mot composé de *wire* et de *reply.*

Ces expressions sont taxées comme un seul mot, lorsqu'elles sont écrites ainsi par l'expéditeur. (*Circulaire* nº 318.)

**ABSENCES IRRÉGULIÈRES.** Tout fonctionnaire ou agent qui fait, en dehors de la résidence ou du département auquel il est attaché, une absence de huit jours, cesse, de droit, de faire partie de l'administration. (*Arrêté ministériel du 5 septembre 1862.*)

**ABUS DE FRANCHISE.** Voyez FRANCHISE POSTALE, page 95, COMMUNICATION DE SERVICE.

**ACCUSÉ DE RÉCEPTION.** On entend par accusé de réception, l'indication de la remise d'une dépêche à domicile.

*Dépêches officielles.* — Les réceptions de dépêches spéciales ou de passage s'enregistrent sur un cahier tenu à cet effet dans chaque bureau, par les soins et sous la responsabilité du chef de station.

*Dépêches privées.* — L'accusé de réception ne

se donne pour les dépêches privées que lorsqu'il a
été demandé par l'expéditeur. La taxe de l'accusé
de réception avec mention de l'heure de la remise à
domicile, est égale à celle d'une dépêche simple
pour le même parcours télégraphique. D'après les
conventions de Berne et de Bruxelles, tout expéditeur qui exige du bureau de destination l'accusé de
réception de sa dépêche doit payer le prix d'une
transmission simple pour le même parcours. La dépêche doit alors mentionner dans la minute l'indication : *Accusé de réception payé.*

**ACCIDENTS SUR LES CHEMINS DE FER.** Le
directeur général doit être informé immédiatement
par les agents de l'Etat chargés du service télégraphique de tout accident arrivé sur un chemin de fer.
Les mêmes agents doivent aux commissaires de surveillance administrative et aux commissaires spéciaux de police près les chemins de fer tous les renseignements nécessaires, sur les irrégularités,
retards ou temps d'arrêt signalés dans la marche des
trains, mais seulement lorsque ces fonctionnaires
leur en font la demande.

Les agents télégraphiques détachés dans les gares,
doivent, en cas d'accident, aviser par écrit les commissaires de surveillance et les commissaires spéciaux de police, afin de faciliter à ces fonctionnaires
le service des enquêtes et constatations judiciaires.
(*Circulaire* nos 6, 11, 81.)

**ADMINISTRATION CENTRALE.** Voyez ORGANISA-
TION ADMINISTRATIVE, 1re partie, page 42.

**ADMISSION DES CANDIDATS.** Le personnel de
l'administration des lignes télégraphiques se recrute
au moyen d'un concours établi entre tous les candidats aux places de surnuméraires stationnaires de
cette administration. Toutefois, un tiers de ces places

est réservé aux militaires de tous grades libérés du service militaire, sachant lire et écrire correctement, et âgés de moins de 30 ans.

Les concours ont lieu à Paris, toutes les fois que le besoin du service l'exige.

Les candidats doivent être âgés de 22 ans au moins et de 28 ans au plus, et justifier de leur qualité de Français.

Ils doivent fournir, un mois au moins avant l'époque du concours :

1° Leur acte de naissance ;

2° Un certificat constatant leur libération du service militaire ;

3° Un certificat de bonne vie et mœurs.

Ils doivent justifier des connaissances suivantes :

1° Une rédaction correcte ;

2° Le dessin linéaire ;

3° L'arithmétique, jusques et y compris les proportions ;

4° La géographie élémentaire ;

5° Les éléments de chimie ;

6° Les éléments de physique, et spécialement ce qui est relatif à l'électricité statique et dynamique ;

7° La levée des plans ;

8° Le nivellement.

La connaissance de l'une ou plusieurs des langues suivantes : l'allemand, l'anglais, l'italien et l'espagnol sera prise en grande considération pour le classement des candidats.

La commission d'examen sera présidée par le directeur général, qui désignera, pour la compléter, un inspecteur général, un directeur principal et deux inspecteurs. (*Arrêté ministériel du 15 novembre 1855.*) Voyez SURNUMÉRARIAT et 1<sup>re</sup> partie, page 50.

**ADMISSION A LA RETRAITE.** Il est pourvu d'office au remplacement des fonctionnaires et agents de l'administration qui comptent 30 ans de service et ont accompli leur soixantième année. (*Décret impérial du 29 janvier 1862.*) Voyez page 87.

**ADRESSE DU DESTINATAIRE.** — *Dépêches officielles.* — L'adresse d'une dépêche officielle est donnée en toutes lettres, moins les titres et indications inutiles.

Cette adresse doit se terminer par l'indication du lieu de destination, il n'y a pas d'exception à cette règle (*Circulaire* n° 6, article 27.)

La copie d'expédition d'une dépêche officielle doit mentionner l'adresse complète du destinataire ; ainsi une dépêche adressée *Intérieur à préfet de Nantes* doit être libellée : *Le ministre de l'intérieur à Monsieur le préfet à Nantes* (Loire-Inférieure.)

Le chef de station a qualité pour décider si la signature des dépêches officielles qui habituellement ne se transmet pas, doit en certains cas être transmise. (*Même circulaire.*)

*Dépêches privées.* — Les adresses des dépêches doivent être écrites lisiblement, et quelle que soit la notoriété du destinataire, elles doivent indiquer le nom et le numéro de la rue, l'administration ne pouvant assurer la remise des dépêches dont l'adresse serait incomplète.

Lorsque, malgré toutes les précautions prises, le bureau d'arrivée n'a pu trouver le destinataire d'une dépêche, ce bureau doit transmettre au bureau d'origine un avis de service ainsi formulé, (*N°.... de.... adressée à....* (*Destinataire inconnu.*) Toute rectification d'adresse relative à une dépêche intérieure est soumise à la taxe légale. (*Circulaire* n° 338.)

**AFFAIRES CONFIDENTIELLES.** C'est seulement lorsqu'un fonctionnaire ou agent jouissant de la franchise postale, a à transmettre des documents secrets, ou à traiter d'affaires tout à fait confidentielles qu'il est autorisé à correspondre au moyen du *pli fermé*. En toute autre circonstance, la correspondance postale doit être expédiée *sous bande* suivant les prescriptions réglementaires. (*Instruction du 3 avril 1860*.) Voyez page 97.

**APPOINTS DANS LES PAIEMENTS.** Un receveur ne peut être contraint d'accepter une somme supérieure à la taxe à encaisser et de rendre l'excédant.

Pour éviter toute discussion dans les paiements, le débiteur sera toujours obligé de faire l'appoint, et par conséquent de se procurer le numéraire d'argent nécessaire pour solder exactement la somme dont il sera redevable. (*Loi du 22 avril 1790*, article 7, et *Décret du 17 juin 1852*.)

**ALGÉRIE.** Voyez page 19.

**AMENDES** RELATIVES AUX CONTRAVENTIONS, CRIMES ET DÉLITS RELATIFS AUX LIGNES TÉLÉGRAPHIQUES. Quiconque aura, par imprudence ou involontairement, commis un fait matériel pouvant compromettre le service de la télégraphie électrique; quiconque aura dégradé ou détérioré de quelque manière que ce soit les appareils des lignes de télégraphie électrique ou les machines des télégraphes aériens sera puni d'une amende de 16 à 300 francs. La contravention sera poursuivie comme en matière de grande voirie.

Quiconque, par la rupture des fils, par la dégradation des appareils ou par tout autre moyen, aura *volontairement* causé l'interruption de la correspondance télégraphique ou aérienne, sera puni d'un emprisonnement de trois mois à deux ans et d'une amende de 100 à 1,000 francs.

Seront punis de la détention et d'une amende

de 1,000 à 5,000 francs, sans préjudice des peines que pourrait entraîner leur complicité avec l'insurrection, les individus qui, dans un mouvement insurrectionnel, auront détruit ou rendu impropres au service un ou plusieurs fils d'une ligne de télégraphie électrique; ceux qui auront brisé ou détruit plusieurs télégraphes, ou qui auront envahi, à l'aide de violences et de menaces, un ou plusieurs postes télégraphiques, ou qui auront intercepté par tout autre moyen, avec violences et menaces, les communications ou la correspondance télégraphique entre les divers dépositaires de l'autorité publique, ou qui s'opposeront avec menaces à l'établissement d'une ligne télégraphique. (*Décret du 27 décembre 1851,* articles 2, 3 et 4.) Voyez CONTRAVENTIONS, AVARIES, pages 25, 39.

APPAREILS (EMPLOI ET MANIPULATION DES). Voyez EMPLOYÉS.

APPROVISIONNEMENTS. Voyez INSPECTEUR DÉPARTEMENTAL, ABONNEMENTS DES STATIONS.

ARBRES. Voyez LIGNES TÉLÉGRAPHIQUES AÉRIENNES.

ARCHIVES DES STATIONS. Les archives d'une station se composent :

1º Des lettres de l'administration que l'on classe dans trois dossiers séparés, l'un intitulé : cabinet du directeur général; le second, bureau du personnel, et le troisième, service du matériel et des dépêches. Les circulaires doivent être collées sur registre à onglet intitulé : *Circulaires administratives.* On doit encore classer dans des dossiers spéciaux tout ce qui est relatif aux correspondances diverses et aux demandes de remboursements; 2º des originaux des dépêches officielles; 3º des originaux de dépêches privées; 4° des copies de dépêches privées d'arrivée ; 5° des copies de dépêches privées de passage ; 6° des copies de dépêches de service relatives aux dépêches privées de départ ou d'arrivée de la station ; 7° des reçus des dépêches officielles; 8° des reçus des dépêches privées ; 9° des minutes des bordereaux récapitulatifs ; 10° du Moniteur télégraphique ; 11° du recueil administratif ; 12° du cours théorique et pratique de télégraphie; 13° des rouleaux de papier bandes ; 14° du registre d'inscription des dépêches officielles ; 15° du registre de correspondance ; 16° des carnets de recettes et des versements ; 17° des livrets de versements ; 18° du carnet comptabilité matière ; 19° du livre d'ordres de la station ; 20° du registre des accusés de réception ; 21° du registre de destruction des archives confidentielles ; 22° du registre des exprès et des estafettes; 23° des journaux à souche, dépêches papiers, dépêches en compte et recettes diverses ; 24° des registres de remboursement ; 25° du registre des instructions de l'administration.

**ATELIER DE NETTOYAGE.** Deux fois par an, aux époques fixées par l'inspecteur, un atelier, formé de deux, trois ou quatre surveillants, suivant les exigences du service, parcourt complétement les lignes du département pour opérer le nettoyage des supports et remettre les lignes en parfait état d'entretien. Ces agents placés sous la conduite du chef surveillant ou d'un surveillant désigné, ont droit aux allocations attribuées aux tournées ordinaires. Des ouvriers pris sur les lieux peuvent leur être adjoints lorsque l'état des lignes l'exige ou lorsque le nombre des surveillants pouvant s'éloigner de leur résidence est insuffisant. (*Règlement du 15 août 1862.*) Voyez CHEFS SURVEILLANTS ET SURVEILLANTS, SURVEILLANCE ET ENTRETIEN DES LIGNES.

**ATTRIBUTIONS.** Voyez Directeur général, Inspecteur général, Inspecteur départemental, Directeurs de transmissions, Chefs de station, Commis principaux, Traducteurs, Garde-magasin, Employés, Chefs surveillants et surveillants, Facteurs, Personnel, Commission consultative. '

**AUTORISATION** pour établir une ligne télégraphique. Cette question n'est pas complétement règlementée. Une circulaire du 25 novembre 1852 que nous reproduisons, page 28, investissait le préfet du droit d'accorder dans certains cas, l'autorisation d'établir des transmissions de signaux télégraphiques dans un intérêt privé, connu et défini. Mais, par sa circulaire du 25 juillet 1862 (voyez page 37), le ministre décide qu'aucune demande tendant à l'établissement d'une ligne télégraphique ne pourra être établie sans avoir été soumise à l'appréciation de l'administration centrale et à sa sanction particulière.

**AVANCEMENT.** L'avancement a lieu hiérarchiquement, de classe en classe et de grade en grade.

Les chefs de station de deuxième classe pourront toutefois être choisis parmi les commis principaux ou les employés de première classe.

Nul ne pourra être appelé à une classe supérieure ou être promu à un nouveau grade s'il n'a, dans la classe immédiatement inférieure ou dans le grade précédent, au moins le temps de service indiqué ci-après :

Deux ans dans chaque classe pour les grades d'employé, de commis principal, de chef de station et de sous-inspecteur.

Et un an dans chaque classe pour les grades de directeur de transmissions et d'inspecteur.

Néanmoins, il pourra être dérogé à ces règles jusqu'à ce que les cadres des inspecteurs soient remplis.

Les employés de troisième classe sont choisis parmi les surnuméraires ayant au moins un an d'exercice, et qui ont été nommés par les préfets à la suite d'un concours dont le directeur général arrête le programme.

Nul ne peut être nommé surnuméraire, s'il a moins de 18 ans révolus et plus de 28 ans.

Les candidats comptant sept années de service militaire ou dans l'enseignement public, pourront être admis jusqu'à 30 ans.

Des employés auxiliaires pourront gérer les bureaux secondaires ou y être attachés; ils ne feront pas partie des cadres de l'administration. La liste des bureaux secondaires, les conditions d'admission, et le taux des indemnités des employés auxiliaires, enfin les règles de leur service seront déterminés par arrêté du ministre de l'intérieur.

Les chefs surveillants sont nommés à la suite d'un examen qui constatera leur aptitude.

Les surveillants et les facteurs sont choisis, autant que possible, parmi les anciens militaires ayant moins de 35 ans. (Voyez page 46, pour ce qui concerne les traitements alloués aux fonctionnaires et agents.)

AVANCES AUX INSPECTEURS. A l'avenir les payements par voie d'avances seront considérablement restreints, et des mandats directs seront délivrés pour le payement de toutes les dépenses du matériel des lignes télégraphiques rentrant dans l'une des catégories suivantes, savoir :

1º Abonnements et indemnités fixes pour frais de bureau, habillement de piétons, etc.

2º Loyers de toute nature ;

3º Dépenses faites en vertu d'un marché ou soumises au règlement d'un architecte ou vérificateur patenté ;

4° Dépenses prévues et faites par suite de conventions verbales.

Il résultera de cette mesure que les avances à faire aux inspecteurs des lignes télégraphiques ne devront plus s'appliquer qu'aux dépenses de peu d'importance effectuées en régie et qu'aux travaux accidentels d'entretien. (*Circulaire ministérielle du 1er février 1859.*)

**AVARIES** (Arrangement amiable au sujet du paiement des). En cas d'avarie, lorsque, d'un commun accord, les parties désireront traiter amiablement de la réparation du dommage, ce dommage sera constaté par un procès-verbal dressé contradictoirement entre les agents télégraphiques et les contrevenants et que ceux-ci s'engageront, par une convention sous signature privée, à payer les frais dont le chiffre aura été fixé, soit à la caisse du receveur des finances de l'arrondissement, soit à celle du percepteur le plus voisin. L'acte sera dans les deux cas adressé au premier comptable. Les sommes recouvrées seront portées au compte des *recettes accidentelles*, et il devra être transmis immédiatement après chaque versement, une déclaration tenant lieu de duplicata de récépissé à l'inspecteur des lignes télégraphiques.

**AVIS DE VERSEMENT.** Quand un versement est effectué entre les mains d'un percepteur, le chef de station doit en donner avis le jour même au receveur des finances de l'arrondissement. (*Circulaire* n° 44.) Voyez aussi Versement.

**AVIS DE MUTATION.** Le chef de station doit informer directement, dans les 24 heures, l'administration et l'inspecteur départemental des mutations qui ont lieu dans son bureau à quelque titre que ce soit. (*Circulaire* n° 177.)

BORDEREAU D'ENVOI DE PIÈCES. Les pièces diverses telles que des états, des quittances, etc., peuvent être expédiées sans lettre d'envoi, mais elles doivent être accompagnées d'un bordereau leur servant de chemise. Ce bordereau doit indiquer le nombre, la mention exacte et la nature de chaque pièce. Si cependant l'envoi d'un état ou de toute autre pièce exigeait quelques explications, il faudrait joindre à cet état une lettre d'envoi et non un bordereau, en ayant soin d'indiquer en marge le nombre de pièces. (*Circulaire* n° 46.)

BORDEREAU DE VERSEMENT. Tout versement doit être accompagné d'un bordereau détaillé des valeurs dont il est composé. Ce bordereau fait connaître : 1° Le chiffre du versement inscrit en toutes lettres ; 2° la nature des valeurs, billets de banque, or, argent, billon, pièces de dépenses remises pour comptant. Il doit en outre être produit avec le versement de fin de mois, un état de recettes qui sert de titre de perception à l'agent du trésor. (*Circulaire* n° 44.) Voyez Versement, Avis de versement.

BORDEREAU RÉCAPITULATIF. C'est au chef de bureau qu'il appartient de résumer chaque jour, à l'aide d'un bordereau (modèle n° 316), les indications relatives à la comptabilité ou au mouvement des dépêches. Pour faciliter l'établissement des comptes internationaux, on doit avoir soin, chaque fois que l'un des procès-verbaux de la journée aura reçu un indice de couleur, d'en appliquer un semblable sur le bordereau récapitulatif. Cet indice est apposé sur la première page du bordereau dans une case spéciale. Cette première page contient en outre la désignation du bureau, le numéro du bordereau, le millésime de l'année et le quantième de la journée de recette. La seconde et la troisième pages sont affectées aux tableaux qui donnent pour chaque procès-verbal le résumé du travail de la journée. Le rappel des totaux du précédent bordereau qui est demandé chaque jour, a pour objet de faire connaître à un moment donné le mouvement des dépêches et des recettes dans un bureau quelconque, depuis le commencement de chaque année. Ces totaux sont empruntés aux minutes qui doivent être conservées dans chaque station.

Les indications du bordereau s'appliquent exclusivement aux dépêches taxées; les dépêches officielles circulant à l'intérieur doivent, provisoirement du moins, ne pas y figurer. (*Circulaire* n° 339.)

BOURSE (Dépêches adressées en). A partir du 1er janvier 1862, il ne sera plus adressé en bourse que les dépêches qui en porteront la mention spéciale, à la suite de l'adresse du destinataire ; et cette mention devra naturellement entrer dans le compte des mots. Les dépêches que l'administration se charge de faire remettre à leurs destinataires, pendant les heures du marché, devant, lorsqu'elles arrivent après la clôture de la bourse, être remises à domicile, et il est indispensable qu'outre la mention désormais obligatoire, l'adresse exacte du destinataire y soit consignée. (*Circulaire* n° 337 du 28 décembre 1861.) Voyez Cours de la Bourse et page 21.

BUREAUX D'UN MÊME DÉPARTEMENT. Voyez Taxe.

BUREAUX ÉTRANGERS. Voyez Taxe.

BUREAUX MIXTES établis dans les gares de chemins de fer. Voyez Commis principal.

## CALCUL DES MOTS. — *Tarif français.* —

1° Tout ce que l'expéditeur a inscrit sur sa minute pour être transmis, entre dans le compte des mots. Toutefois, le nom du bureau du départ, la date, l'heure et la minute du départ sont transmis d'office et inscrits sur la copie remise au destinataire. Ces indications ne sont pas taxées à moins que l'expéditeur ne les maintienne dans le corps de sa dépêche ; dans ce cas, la date et le lieu d'origine doivent être transmis, et dans le préambule comme service, et dans la dépêche, à la place où ils se trouvent sur la minute ; 2° sont comptés au contraire dans le nombre des mots taxés : l'adresse, les indications sur le mode de transport au-delà des lignes télégraphiques, la signature et, en un mot, tout renseignement transmis par l'expéditeur ; 3° les mots composés formant à ce titre un article séparé du *Dictionnaire de l'Académie française* comme : aujourd'hui, après-demain, avant-hier, ne sont comptés que pour un seul mot. Les noms géographiques, les noms de familles formés de plusieurs mots, les noms de rue et de place ainsi que les indications relatives au numéro des habitations, sont comptés désormais pour le nombre de mots employés à les exprimer, qu'ils se trouvent dans le texte ou dans l'adresse de la dépêche. Même règle pour la signature ; 4° tout caractère isolé, lettre ou chiffre compte pour un mot ; 5° les nombres écrits en chiffres sont comptés pour autant de mots qu'ils contiennent de fois cinq chiffres, plus un mot pour l'excédant. Les virgules qui séparent les chiffres, les barres de division sont comptées pour un chiffre ; 6° les traits d'union, les apostrophes, les signes de ponctuation, les alinéas, les guillemets et les parenthèses ne sont pas comptés. Les soulignés sont comptés pour deux mots. Tous les signes que l'appareil doit exprimer sont comptés pour le nombre de mots employés à les exprimer. (*Circulaire* n° 346.)

*Tarif étranger.* — Nous ne signalerons ici que les différences qui existent entre le tarif français et celui qui résulte des traités de Berne et de Bruxelles dans la manière de compter les mots. Tout mot qui n'a que sept syllabes compte pour un mot, l'excédant compte pour un mot, si les parties sont écrites séparément, elles comptent pour autant de mots : ainsi *Bar-le-Duc,* compte pour trois mots. *Aujourdhui,* (sans apostrophe) compte pour un mot ; les soulignés sont comptés pour deux mots : *urgence* pour trois mots. Pour le surplus, il est fait compte sur les bases du tarif français.

CAUTIONNEMENT. Les cautionnements des agents du service télégraphique, comptables des recettes sont déterminés conformément aux règles posées pour les cautionnements des directeurs et chefs de station, par le décret du 26 avril 1858, dont toutes les dispositions sont maintenues. (*Décret du 12 mars 1862,* article 1er.)

Les gardes magasins sont astreints à fournir un cautionnement dont le taux sera calculé, à chaque mutation à raison de 1 p. % de la valeur du matériel confié à leurs soins, telle qu'elle résulte, tant de l'inventaire de l'année qui précède leur entrée en fonctions, que des prises portées à la nomenclature officielle de l'administration. Il ne sera pas tenu compte des sommes inférieures à 10,000 francs ; auxquelles correspondrait une fraction de cautionnement de 100 francs. (*Même décret,* article 2.)

Les dispositions de l'article précédent ne sont applicables qu'aux cautionnements qui seront versés à l'avenir. (*Même décret,* article 3.)

L'application aux cautionnements des agents du service télégraphique, sans aucune exception des bases fixées par le décret du 26 avril 1858 et du présent décret, pourra être faite d'office par le ministre de l'intérieur, lorsque pendant trois ans consécutifs, ces cautionnements auront été reconnus d'un cinquième au moins au-dessous des proportions déterminées par ces deux décrets. (*Ibid.*, article 4.)

Seront appliquées aux cautionnements des agents comptables du service télégraphique les dispositions de l'article 1er de l'ordonnance du 25 septembre 1816, relatives à l'inscription desdits cautionnements sur les livres du trésor, sans affectation de résidence et aux formalités à remplir par les titulaires. (*Ibid.*, article 5.)

*Décret du 25 avril 1858 sur les cautionnements.* — Les cautionnements des directeurs ou chefs de station, chargés de la perception des taxes, seront déterminés à chaque mutation ainsi qu'il suit :

1º Lorsque la recette mensuelle dépassera 1,000 francs, le cautionnement sera égal, pour les stations des départements, à la recette moyenne réalisée pendant quatre jours ; pour celle de Paris à la recette moyenne réalisée pendant deux jours, sans pouvoir dans les deux cas être inférieure à 1,000 francs.

2º Pour les stations dont la recette annuelle dépassera 1,000 francs et dont la recette mensuelle sera moindre que 1,000 francs, le cautionnement sera égal à la recette moyenne d'un mois, sans pouvoir être inférieur à 500 francs.

3º Il ne sera pas exigé de cautionnement pour les bureaux dont la recette annuelle est inférieure à 1,000 francs. (Article 1er.) Le ministre de l'intérieur sur la proposition du directeur général fixera chaque année le cautionnement des diverses stations, conformément à l'article 1er du présent décret et d'après les recettes réalisées pendant l'année précédente. (Article 3.) Voyez OPPOSITION SUR LES CAUTIONNEMENTS, INTÉRÊTS DE CAUTIONNEMENT, REMBOURSEMENT DES CAUTIONNEMENTS.

**CERTIFICATS DE MALADIE.** Les fonctionnaires employés et agents qui se trouvent dans la nécessité de solliciter un congé pour des raisons de santé, doivent joindre à leur demande, pour Paris un certificat délivré par le médecin du ministère de l'intérieur, et pour les départements, des certificats de visite et de contre-visite signés par deux médecins de la localité, attachés soit à un hospice, soit à tout autre établissement public, et dont les attestations auront pour cela même un caractère officiel. La signature des médecins doit être légalisée par le maire de la résidence du fonctionnaire ou agent. (*Circulaire* n° 56.) Ces certificats doivent indiquer depuis combien de temps le malade est alité, si la maladie est de nature à se prolonger, et l'époque présumée à laquelle l'employé pourra reprendre son service. Si d'après ces indications, l'absence ne doit pas dépasser 15 jours, et si l'employé ne doit pas quitter sa résidence, la maladie étant dûment constatée par les certificats du médecin, l'employé peut conserver son traitement sans qu'il soit besoin de lui accorder un congé. Seulement, le chef de station doit avertir l'administration, dans le cas où le remplacement serait nécessaire, et veiller avec soin à ce que l'employé malade reprenne son service aussitôt qu'il sera rétabli. Si, au contraire, la maladie devait dépasser un mois et obliger l'employé à changer de résidence, l'inspecteur en aviserait l'administration afin que celle-ci puisse déterminer la durée du congé de convalescence. (*Circulaire* n° 68.) Voyez ABSENCES IRRÉGULIÈRES, MALADIE.

**CHARGEMENT DES LETTRES ET PAQUETS ADMINISTRATIFS.** Les lettres et paquets contresignés qui seront dans le cas d'être chargés ne pourront être reçus ni expédiés en franchise que lorsqu'ils seront accompagnés d'une réquisition signée des autorités ou des fonctionnaires qui les adresseront. Cette réquisition sera annexée au registre du dépôt des lettres chargées. (*Décret ministériel du 28 juillet 1862*, article 47.) La perte d'une lettre ou d'un paquet chargé, expédié en franchise ne donne droit à aucune indemnité. (*Même décision*, article 48.)

CHEF DE STATION. Le chef de station est nommé par le directeur général.

Le nombre des emplois de ce grade est déterminé par les besoins du service, les titulaires sont divisés en deux classes dont la première ne peut excéder les 4/10$^{es}$ du nombre total des emplois.

Les traitements sont fixés à 2,500 fr. pour les fonctionnaires de la 1$^{re}$ classe et 2,200 fr. pour ceux de la deuxième.

L'uniforme des chefs de station est réglé de la manière suivante : Habit en drap bleu de roi, collet et parements en drap bleu flore. Broderies en argent du même dessin que celles des ingénieurs des ponts et chaussées. Gilet blanc. Pantalon bleu ou blanc avec bande d'argent. Chapeau français. Epée à poignée de nacre ; garde argentée. Boutons en argent à l'aigle avec l'exergue : *Lignes télégraphiques*. Broderies au collet et double baguette dentelée aux parements.

Le chef de station est responsable de l'expédition et de la traduction des dépêches officielles et privées de la station. Il se conforme aux instructions qu'il reçoit du directeur de transmission relativement au service des transmissions.

A moins d'empêchement valable, il collationne et signe toutes les dépêches officielles et doit autant que possible agir de même pour les dépêches privées. Il prend part à la manipulation et au maniement des appareils toutes les fois que ce concours est utile.

Il est comptable des recettes de sa station, et à ce titre, il fournit un cautionnement déterminé, en exécution de l'article 12 du décret du 20 janvier 1862. (Voyez CAUTIONNEMENT.)

Il a sous ses ordres directs les employés et agents attachés à la station dont la gestion lui est confiée ; et sous aucun prétexte il ne doit permettre qu'ils soient distraits de leurs fonctions réglementaires, sans une autorisation du directeur général. En cas d'infraction au règlement il peut leur infliger une retenue d'un jour de traitement par mois, mais il doit en rendre compte immédiatement à l'inspecteur départemental.

Il ne correspond qu'avec l'inspecteur, excepté dans les cas déterminés par les instructions. Il lui envoie directement, les procès-verbaux, les comptes mensuels et toutes les pièces relatives aux services des transmissions et de la comptabilité.

Il veille à ce que le procès-verbal soit la représentation exacte de tous les incidents et faits qui se sont produits dans les transmissions.

Il est responsable de la bonne tenue, du classement et de la conservation de tous les registres et documents appartenant à la station.

Il est tenu, dans chaque station, un livre d'ordres sur lequel sont enregistrées les instructions données par le chef de station aux employés et les punitions de toute nature qui leur sont infligées, ainsi que les motifs de ces punitions. Si les mesures disciplinaires émanent du directeur général ou de l'inspecteur, l'indication des causes qui les ont occasionnées doit être empruntée à la lettre de service qui les a notifiés.

Les mouvements du personnel figurent également au livre d'ordres. Ce document est tenu par les soins du chef de station, qui seul a le droit d'y inscrire les mentions de service qui peuvent y être portées.

L'ordre et les heures de présence des employés au bureau sont réglés par le chef de station, conformément aux instructions de l'administration et d'après un roulement destiné à répartir également les obligations du service. L'ordre du service pris à cet effet est affiché dans la salle de manipulation. (Voyez STATIONNAIRES.)

Il reçoit de l'inspecteur le matériel et le mobilier de la station et en conserve l'inventaire, conformément aux instructions réglementaires.

Il signale par écrit à l'inspecteur les besoins au fur et à mesure qu'ils se manifestent, et prend en charge les objets qui lui sont remis en les inscrivant sur le carnet après leur réception.

Il est responsable de la conservation du matériel de la station et de l'usage qui en est fait par les employés et agents sous ses ordres.

Il fait maintenir les locaux et le matériel de la station dans un état constant d'ordre et de propreté.

Il est responsable de l'état de la pile et charge spécialement un facteur de son entretien matériel. Les employés, à tour de rôle, assistent le facteur dans cette opération.

Il veille au réglage des appareils de la station, il tient la main à l'exécution fidèle de toutes les opérations et expériences qui lui sont demandées, soit pour la vérification de l'état des lignes, soit pour le réglage des appareils correspondants.

Il pourvoit au chauffage et à l'éclairage de la station, au moyen de l'indemnité qui lui est allouée. Il en est de même pour les frais de bureau et les menues dépenses concernant l'entretien et la propreté des piles et des pièces affectées au service. (Voyez ABONNEMENTS DES STATIONS.)

En cas d'accident ou de dérangement des lignes, il en avertit immédiatement le surveillant en résidence dans la localité, ou celui qui en est le plus voisin, et informe l'inspecteur par la voie la plus prompte.

Il avertit par écrit l'inspecteur des fautes ou de la négligence dont les surveillants se rendraient coupables.

Le chef de station ne peut introduire dans la salle de manipulation aucune personne étrangère au service, sans l'autorisation du directeur général et cette autorisation doit être demandée par la poste.

CHEF SURVEILLANT ET SURVEILLANT. Les chefs surveillants sont nommés à la suite d'un examen qui constate leur aptitude. Ils ne forment qu'une classe aux appointements de 1,400 francs.

Les surveillants sont choisis autant que possible parmi les anciens militaires ayant moins de 35 ans. Ils sont divisés en trois classes dont la première et la deuxième ne peuvent dépasser chacune les 3/10$^{es}$ du nombre total des emplois.

Le traitement des surveillants de troisième classe est de 1,000 francs porté à 1,100 francs pour ceux de la deuxième et à 1,200 francs pour les titulaires de la première classe.

L'avancement a lieu hiérarchiquement de classe en classe et de grade en grade. (*Décret du 20 janvier 1862.*) Voyez AVANCEMENT, ADMISSION DES CANDIDATS.

L'uniforme des chefs surveillants se compose d'une tunique en drap bleu de roi, collet et parements de drap bleu flore, galon en argent de 3 millimètres au collet. Pantalon bleu avec bande bleu flore. Casquette en drap bleu de roi, bandeau en drap bleu flore, deux galons en argent, aigle au-dessus.

L'uniforme des surveillants est ainsi réglé :

*Tenue de ville.* — Tunique en drap bleu de roi, collet et parements de drap bleu flore, galon en argent de 3 millimètres au collet. Pantalon bleu avec bande bleu flore. Casquette en drap bleu de roi, bandeau bleu flore, un galon en argent, aigle au-dessus.

*Tenue de travail.* — Blouse en toile bleue. Collet en drap bleu rabattu. Pantalon de drap bleu sans bande pour l'hiver. Pantalon de coutil bleu à raies pour l'été. Ceinture avec plaque portant ces mots : *Lignes télégraphiques, surveillant.* Même casquette que pour la tenue de ville. (*Arrêté ministériel du 9 juillet 1862.*)

Les chefs surveillants placés sous l'autorité immédiate de l'inspecteur départemental sont préposés à l'entretien des lignes du département. Ils donnent aux surveillants les ordres nécessaires à cet égard et s'assurent de la régularité de leurs tournées. Les chefs surveillants et les surveillants exécutent d'ailleurs les travaux de toute nature qui leur sont prescrits par l'inspecteur. Ils constatent les délits et contraventions relatifs à la police des lignes. Lorsque l'organisation ou les besoins du service l'exigent, les surveillants prennent part au service du port des dépêches.

Les chefs surveillants font toutes les tournées qui leur sont prescrites par les inspecteurs. Ils ont droit aux frais de route et de séjour déterminés par l'arrêté ministériel du 28 février 1862, toutes les fois qu'ils découchent et qu'ils sont dans la nécessité d'employer des voitures. (Voyez SURVEILLANCE ET ENTRETIEN DES LIGNES.)

Les surveillants sur chemin de fer, font en voiture une tournée générale par semaine et visitent à pied en détail deux fois par mois, toute la portion de ligne confiée à leurs soins. Quatre journées par semaine sont consacrées aux visites de détail, de manière à ce que chaque agent suive à pied tout son parcours en 8 journées.

Les surveillants sur route font à pied, une tournée par semaine sur les lignes importantes à plusieurs fils et une tournée par mois sur les embranchements secondaires à un seul fil. Ils peuvent consacrer plusieurs jours à leurs tournées et reçoivent pour frais de découcher l'indemnité de frais de séjour fixée par l'arrêté ministériel du 28 février 1862. (Voyez FRAIS DE ROUTE ET DE SÉJOUR, page 164.)

Lorsqu'un dérangement est signalé, ces agents sont autorisés et invités au besoin à prendre les voitures publiques pour se transporter sur le lieu de l'affaire, et reçoivent à titre d'indemnité des frais de route calculés à raison de 2 francs par myriamètre parcouru en voiture, et le cas échéant des frais de découcher.

Dans l'intervalle de leurs tournées les surveillants qui résident près d'une station télégraphique se rendent tous les jours à ce bureau aux heures qui leur sont indiquées et en général de 9 heures du matin à 5 heures du soir. Ils y restent à la disposition du chef de bureau, pour les besoins du service ; ils concourent au port des dépêches à domicile, et à l'entretien des piles, et ils peuvent même dans certaines localités en être exclusivement chargés.

Au premier avis, qui leur est donné par le chef de bureau, ou par l'employé de service, l'un des surveillants de garde, doit se transporter sans délai sur la section en dérangement, quel que soit d'ailleurs le parcours dont elle dépende. Si l'avarie a une certaine gravité et ne peut être réparée complètement par un seul homme, ses collègues sont envoyés à son aide et suivant les circonstances se transportent sur le lieu de l'accident à pied ou en voiture. Ils prennent à cet égard les instructions de l'inspecteur et à son défaut du chef de bureau.

Les surveillants procèdent dans les mêmes conditions à tous les travaux d'entretien des lignes. Chacun d'eux fait durant ses visites de détail, les travaux extraordinaires, redressement de poteaux, remplacement d'isolateurs etc. ; qu'il est en mesure de terminer seul, ainsi que les réparations nécessaires pour prévenir un dérangement imminent.

Il doit à cet effet dans ses tournées être porteur de ses outils, l'échelle pouvant être remplacée par une paire d'étriers. Il est d'ailleurs autorisé, dans les cas urgents et pour des travaux exceptionnels à se faire assister par des ouvriers pris sur les lieux.

Réunis en atelier, les divers surveillants d'une même résidence ou d'un même département effectuent les opérations plus importantes.

Deux fois par an, aux époques fixées par l'inspecteur, un atelier formé de deux, trois ou quatre surveillants, suivant les exigences du service, parcourt complètement les lignes du département pour opérer le nettoyage des supports et remettre les lignes en parfait état d'entretien. Ces agents, placés sous la surveillance du chef surveillant ou d'un surveillant désigné, ont droit aux allocations attribuées aux tournées ordinaires. Des ouvriers pris sur les lieux peuvent leur être adjoints lorsque l'état des lignes l'exige, ou lorsque le nombre des surveillants pouvant s'éloigner de leur résidence est insuffisant.

Des livrets fournis par l'administration, sont déposés dans les stations télégraphiques et dans les mairies. Les surveillants y mentionnent à côté de leur signature la date et l'heure de leur passage.

Les chefs surveillants s'assurent de l'exactitude avec laquelle les surveillants accomplissent leurs tournées, et apposent eux-mêmes leur signature sur ces livrets.

Un ordre de service fixant les tournées des surveillants est déposé dans toutes les stations du département et même dans celles des départements limitrophes qui ont intérêt à le connaître.

Les frais de route et de séjour auxquels les chefs

surveillants et les surveillants ont droit sont payés par trimestre.

Le droit aux frais de route alloués dans le cas de dérangement est constaté par l'ordre écrit du fonctionnaire ou employé qui a invité le surveillant à se transporter sur les lieux.

Les surveillants doivent tenir leurs outils en bon état et les représenter à toute réquisition.

Ces outils sont renouvelés par l'administration ; mais toute détérioration non justifiée, ou provenant d'un mauvais entretien, entraîne le renouvellement au compte des surveillants.

Les brosses, éponges et linges sont à la charge des surveillants. (Voyez OUTILS).

Chaque surveillant conserve à son domicile un livre d'ordres qui renferme les instructions générales de l'administration et les ordres spéciaux de l'inspecteur.

Il a en outre un livre journal, sur lequel il écrit, à leur date, tous les mouvements du matériel qui lui est confié, afin d'en rendre compte au chef surveillant.

Le chef surveillant tient la comptabilité du magasin principal et des différents dépôts du département. Il veille à ce que les surveillants entretiennent convenablement les objets qu'ils renferment. Il fait les expéditions de matériel. Il est responsable vis à vis de l'inspecteur.

Quand le chef surveillant et les surveillants sont de service, ils doivent être en uniforme et porteurs de leurs insignes. *(Règlement ministériel du 15 août 1862.* (Voyez SURVEILLANCE ET ENTRETIEN DES LIGNES, CONTRAVENTIONS, EXAMEN DES CANDIDATS A L'EMPLOI DE CHEF SURVEILLANT.)

**CALCUL DES TAXES INTERNATIONALES.** Voyez TAXE.

CALCUL DES DÉPÊCHES. Pour connaître le nombre total des dépêches déposées à un bureau télégraphique du 1er janvier à un jour quelconque de l'année, il suffit d'additionner le nombre des journaux, modèle A, I, de chaque série, remplis, multipliés par mille, plus le nombre des dépêches inscrites sur les journaux en cours de service, plus le nombre des dépêches admises en compte. Mais il est pour cela, essentiel de ne pas avoir de récépissés accumulés, de se borner à calculer et inscrire le détail de la taxe de l'original de la dépêche et de ne jamais commencer l'enregistrement au journal A, I, avant que la taxe ne soit encaissée ou alignée au guichet de perception. (*Circulaire* n° 332.) Voyez JOURNAUX A SOUCHE.

CARNET DE COMPTABILITÉ MATIÈRES. Le chef de station est muni d'un carnet à souche pour y inscrire ce qui concerne le matériel de sa station. Les pages recto de ce carnet reçoivent à leur date :

1o L'inscription des mouvements d'entrée et de sortie, d'augmentation ou de diminution du matériel de rechange, avec la mention des causes de ces mouvements ;

2o La relation sommaire des accidents de toute nature qui auraient affecté le matériel monté ou employé. Les pages verso du carnet sont destinées à l'inventaire mensuel du matériel de rechange ; le premier jour de chaque mois, le chef de station envoie à l'inspecteur départemental la demi-feuille détachée de son carnet portant la transcription textuelle de celle qui reste à la souche. Dans le cas où le matériel de rechange n'a subi aucun mouvement, où il n'a été fait aucun envoi de matériel et où le matériel employé n'a subi aucun accident pendant le mois, la demi-feuille détachée du carnet est envoyée portant au verso l'inventaire du matériel de rechange, qui doit dans ce cas être le même que celui du mois précédent, et au recto le mot *néant*. (*Circulaire* nº 141.)

**CARNET DES RECETTES ET VERSEMENTS.** Le carnet des recettes et versements est destiné à l'inscription des taxes intérieures et internationales et des versements de chaque mois. Le carnet des recettes et versements est le livre de caisse de la station. Les dépêches sont partagées en deux classes :

1º Les dépêches intérieures, soumises au tarif français, lesquelles s'inscrivent au nº 2.

2º Les dépêches internationales, lesquelles s'inscrivent au nº 3. Les taxes perçues au profit de la France sont également divisées en deux classes :

1º Les taxes françaises intérieures, c'est-à-dire, celles perçues d'après les conditions du tarif français que l'on inscrit colonne nº 4 ;

2º Les taxes françaises internationales perçues d'après les conditions des tarifs internationaux pour le parcours français seulement, et que l'on inscrit colonne nº 5. (*Circulaire* nº 161.) Les taxes étrangères que l'on doit inscrire colonne nº 6, sont celles perçues au profit des puissances étrangères. Elles ne figurent sur le carnet que pour leur total par journée. La division des taxes est opérée par l'administration. (*Circulaire* nº 197.) La colonne 7 contient le total des recettes effectuées. Les colonnes 8 et 9 contiennent les remboursements de taxes intérieures et internationales. La colonne 10 contient les versements du mois. (*Circulaire* nº 161.) Voyez VERSEMENT.

**CAS DE MUTATION.** Voyez CONGÉS.

**CIRCULAIRES TÉLÉGRAPHIQUES** (TRANSMISSIONS DES.) Quand Paris émet une circulaire, il l'expédie directement à toutes les villes indiquées dans la première colonne du tableau spécial ; celles-ci la donnent aux villes qui se trouvent en regard dans la colonne suivante, réunies par une accolade, et ainsi de suite. On remarque au tableau (*Circulaire* n° 361) un signe spécial qui indique que deux villes situées sur un même fil reçoivent la circulaire simultanément, la première des deux se mettant en translation ; il reste entendu que dans le cas où cette translation ne fonctionne pas convenablement, le premier bureau doit recevoir seul et transmettre ensuite au second. Si un chef-lieu de département, ou une ville assimilée, doit envoyer une circulaire, il s'adressera au bureau d'où il reçoit celle de Paris. La dépêche remontera ainsi jusqu'à Paris d'où elle rayonnera de nouveau dans tous les sens. Mais le tableau 2 de la circulaire n° 361, permettra de simplifier cette manœuvre. En se dirigeant vers Paris, la dépêche passera d'ordinaire dans un au moins des bureaux principaux qu'indique la première colonne de ce tableau. Le premier de ces bureaux qui la recevra la transmettra à plusieurs stations principales avec lesquelles il est en rapport et qui sont expressément mentionnés dans la seconde colonne du tableau n° 2. Paris saura dès lors qu'il n'a plus à s'occuper de ces correspondants dans la transmission qu'il doit faire. (*Circulaire* n° 361.)

**CLASSES ET GRADES.** Voyez Avancement.

**CLOTURE DES BUREAUX.** Tout bureau qui, à 9 heures et demie du soir, n'a pas été prévenu qu'il doit rester pendant la nuit ou une partie de la nuit, peut se retirer du circuit, lors même qu'il n'a pas reçu la clôture réglementaire, en ayant soin toutefois d'établir la communication directe.

Dans ce cas, le chef de station doit préalablement, et si l'état des lignes le permet, provoquer de ses correspondants les renseignements propres à l'éclairer et c'est seulement sur son ordre que les employés doivent quitter le service. Cet ordre doit être inscrit au procès-verbal et signé par le chef de station. (*Circulaire* n° 6, article 21.)

**COLLATIONNEMENT.** On entend par collationnement le renvoi de la dépêche complète du bureau destinataire au bureau expéditeur, avec remise, au domicile de l'expéditeur, d'une copie de la dépêche collationnée.

Aux termes des conventions stipulées par les traités de Berne et de Bruxelles, l'expéditeur peut demander que la dépêche expédiée soit collationnée, c'est-à-dire répétée en entretien par le bureau destinataire. Le collationnement est taxé comme la dépêche, et lorsqu'une dépêche doit être collationnée la minute doit porter après le texte et avant la signature l'indication : *Collationnement payé.* Dans ce cas le collationnement doit toujours suivre la dépêche et se transmettre immédiatement après la dépêche. (Voyez RÉPÉTITION, DÉPÊCHES).

**COMMIS PRINCIPAL.** Le commis principal est nommé par le directeur général. Cet emploi ne forme qu'une seule classe aux appointements annuels de 2,000 francs.

Le nombre des commis principaux est déterminé par les besoins du service. L'uniforme du grade est le même que celui des chefs de station avec cette seule différence que la baguette dentelée des parements est double chez les chefs de station tandis qu'elle est simple chez les commis principaux.

Le commis principal est adjoint au chef de bureau dans les stations où l'importance du travail l'exige.

Il prend part à tous les détails du service, mais il est plus spécialement chargé, sous l'autorité du directeur des transmissions ou du chef de station :

1º De maintenir l'ordre et la discipline dans le bureau.

2º De veiller à ce que les dépêches reçoivent une direction convenable et un prompt écoulement.

3º A ce que les employés répondent sans retard aux appels des postes correspondants et se conforment aux instructions qui règlent le service des transmissions.

En cas de dérangement, il vérifie l'état du poste et rend compte au chef de bureau du résultat de ses recherches.

En cas d'empêchement du chef de bureau, le commis principal prend de droit la direction du service.

Le commis principal peut être chargé de la gestion des bureaux mixtes établis dans les gares de chemins de fer ; il dirige alors le service télégraphique de l'état et celui de la compagnie. (*Arrêté réglementaire du 15 août 1862.*) Voyez STATIONNAIRES.

COMMISSION CONSULTATIVE. Il est institué près du directeur général de l'administration des lignes télégraphiques, une commission consultative composée des inspecteurs généraux et d'un secrétaire désigné par le ministre de l'intérieur.

Cette commission présidée par le directeur général, et, à son défaut, par le plus ancien inspecteur général donne son avis sur :

1º Les propositions de dépenses à porter au budget général ;

2º La répartition du crédit allouée au matériel ;

3º Les marchés passés pour le compte de l'administration;

4º Les retraits d'emploi et les révocations ;

5º Et généralement sur toutes les autres affaires, qui lui sont déférées par le ministre ou par le directeur général. (*Décret du 20 janvier 1862*, article 13.)

**COMMISSION D'EXAMEN.** Voyez Surnumérariat.

**COMMUNICATION DE SERVICE.** Une circulaire de la direction générale en date du 5 janvier 1861 appelle l'attention des inspecteurs départementaux, sur l'abus que font quelques fonctionnaires de l'emploi du télégraphe pour la transmission de dépêches relatives aux communications de service.

On ne doit se servir de ce moyen de transmission qu'avec la plus grande réserve et en cas d'urgence ou de nécessité absolue.

Toute communication télégraphique non justifiée par les circonstances *sera soumise à la taxe comme dépêche privée.*

**COMMUNICATIONS.** Lorsque, dans des circonstances particulières, un fonctionnaire désire faire à l'administration, en dehors des bureaux, une communication confidentielle, il doit sceller sa dépêche à la cire et écrire sur l'enveloppe, d'une manière apparente, le mot : *Confidentiel. (Circulaire nº 46.)*

En dehors des cas prévus par la loi, le chef de station ne doit communiquer aucune dépêche privée aux préfets et sous-préfets sans une réquisition écrite ou spéciale de leur part. Il doit signaler à l'administration, par une note, toutes les dépêches communiquées sur la demande de l'autorité, ou en vertu de son initiative. (*Circulaire* nº 8.)

Les procureurs impériaux, les juges d'instruction, les préfets de département et les préfets de police dans les villes où il en existe, ont le droit de requérir dans les bureaux télégraphiques la communication des dépêches privées qu'ils présument renfermer des indications utiles à la découverte des crimes et délits dont ils poursuivent la répression (*Circulaire* n° 83.)

**COMPLICITÉ.** Voyez Contraventions, Délits et Crimes.

**COMPTABILITÉ MATÉRIELLE.** Voyez Inspecteur départemental, Carnet de comptabilité, Matières, Journaux a souche.

**COMPTABILITÉ DES DÉPÊCHES PRIVÉES.** Voyez Journaux a souche, Registre des remboursements, Carnet des recettes.

**CONCESSIONNAIRES D'ABONNEMENTS.** L'arrêté ministériel du 28 décembre 1861 qui supprime toutes les réductions de taxes accordées en vertu d'abonnements ou pour tout autre motif, conserve aux concessionnaires les avantages de priorité que plusieurs de ces arrêtés leur confèrent, à la condition que ces dépêches soient rendues publiques, et les concessionnaires demeureront autorisés à effectuer le paiement du prix de leurs dépêches d'après les règles spéciales établies en leur faveur.

**CONCESSIONS PRIVÉES.** Voyez Autorisation.

**CONGÉS.** Les congés de fonctionnaires et agents sont accordés par le directeur général, qui détermine la quotité des retenues à exercer sur les traitements, suivant les dispositions du décret du 9 novembre 1853. (*Décret du 20 janvier 1862*, article 8.)

Les fonctionnaires et employés ne peuvent obtenir chaque année un congé ou une autorisation d'absence de plus de 15 jours, sans subir une retenue. Toutefois un congé d'un mois sans retenue peut être accordé à ceux qui n'ont joui d'aucun congé et d'aucunc autorisation d'absence pendant trois années consécutives. (Voyez RETENUES.)

L'inspecteur peut accorder des congés aux fonctionnaires, employés et agents de son département sous les conditions :

1° Que ces congés n'excèderont pas, pour le même fonctionnaire, employé ou agent, cinq jours consécutifs ou non, pendant le cours de la même année, (du 1er janvier au 31 décembre) ;

2° Qu'il ne sera pas nécessaire de pourvoir à son remplacement;

3° Que les absences seront motivées par une maladie dûment constatée ou par des causes d'une urgence telle qu'il ne sera pas possible, sans inconvénient, d'en référer préalablement au directeur général et d'attendre sa décision. Si la somme des congés obtenus ou demandés par le même fonctionnaire, employé ou agent, excède cinq jours, ou s'il y a lieu de le remplacer, la demande d'autorisation d'absence doit être adressée au directeur général par la poste et accompagnée de l'avis de l'inspecteur. Toutefois en cas d'urgence, l'inspecteur doit pourvoir sur-le-champ, au moyen du personnel de son département, à un remplacement nécessité par un cas de force majeure. Il en rend compte immédiatement au directeur général. *(Règlement du 15 août 1861,* article 5.) Voyez CERTIFICATS DE MALADIE, page 115.

**CONTRAVENTIONS, DÉLITS ET CRIMES.** Quiconque aura, par imprudence ou involontairement, commis un fait matériel pouvant compromettre le service de la télégraphie électrique ; quiconque aura dégradé ou détérioré de quelque manière que ce soit les appareils des lignes de télégraphie électrique ou les machines des télégraphes aériens sera puni d'une amende de 16 francs à 300 francs. La contravention sera poursuivie comme en matière de grande voirie. (*Décret du 27 décembre 1851*, article 2.)

Quiconque, par la rupture des fils, par la dégradation des appareils ou par tout autre moyen, aura volontairement causé l'interruption de la correspondance télégraphique électrique ou aérienne sera puni d'un emprisonnement de trois mois à deux ans, et d'une amende de 100 à 1,000 francs. (*Même décret*, article 3.)

Seront punis de la détention et d'une amende de 1,000 francs à 5,000 francs, sans préjudice des peines que pourrait entraîner leur complicité avec l'insurrection, les individus qui dans un mouvement insurrectionnel, auront détruit ou rendu impropres au service, un ou plusieurs fils d'une ligne de télégraphie électrique; ceux qui auront brisé ou détruit plusieurs télégraphes, ou qui auront envahi, à l'aide de violences et menaces un ou plusieurs postes télégraphiques, ou qui auront intercepté par tout autre moyen, avec violences et menaces, les communications ou la correspondance télégraphique entre les divers dépositaires de l'autorité publique, ou qui s'opposeront avec violences ou menaces au rétablissement d'une ligne télégraphique. (*Même décret*, article 4.)

Toute attaque, toute résistance, avec violences et voies de fait, envers les inspecteurs et les agents de surveillance des lignes télégraphiques électriques ou aériennes, dans l'exercice de leurs fonctions, sera punie des peines appliquées à la rébellion, suivant les distinctions établies au code pénal. (*Même décret*, article 5.)

Le décret du 27 décembre 1851 distingue deux espèces de faits pouvant mettre en péril la correspondance télégraphique : les uns commis sans intention de nuire, les autres commis avec une intention malfaisante.

Les premiers sont justiciables des conseils de préfecture, les autres des tribunaux ordinaires.

Le paragraphe 1er de l'article 2 place dans les contraventions tous les faits même involontaires qui pourraient compromettre le service télégraphique. Mais pour ôter à cette disposition législative ce que son application sévère a de trop rigoureux, on ne doit poursuivre les contrevenants que lorsque l'imprudence est manifeste, et, dans ce cas, il faut sans aucun doute ranger les faits suivants : Attacher des animaux aux supports des lignes ; pratiquer des affouillements au pied des poteaux ; appuyer sur les appareils de la ligne des pièces de bois et d'autres matières pesantes susceptibles de les rompre et de les fausser ; placer enfin sur les fils des objets pouvant établir des communications entre eux.

Les détériorations et les dégradations consisteront principalement, dans la dégradation des poteaux, le bris des appareils par le jet de pierres, la rupture des fils par imprudence ; les dégâts causés aux lignes électriques souterraines par des travaux faits sans précaution dans le sol où elles sont placées.

La répression des faits volontaires suppose toujours que l'on puisse pousser l'intention mauvaise qui constitue et caractérise le délit ; mais quand cette preuve a été faite, comme l'intention est l'élément principal de la criminalité, il ne peut être douteux que tout fait, soit direct, soit indirect, qui amènerait l'interruption de la correspondance télégraphique ne soit soumis aux dispositions pénales. (*Circulaire du 25 novembre 1852.*)

Lorsque sur la ligne d'un chemin de fer, ou d'un canal concédé ou affermé par l'Etat, l'interruption du service télégraphique aura été occasionnée par l'inexécution soit des clauses du cahier des charges et des décisions rendues en exécution de ces clauses, soit des obligations imposées aux concession-

naires ou fermiers, ou par l'inobservation des règlements ou arrêtés, procès-verbal de la contravention
sera dressé par les inspecteurs du télégraphe, par
les surveillants des lignes télégraphiques, ou par les
commissaires et sous-commissaires préposés à la
surveillance des chemins de fer. (*Décret du 27 décembre 1851*, article 6.)

Les procès-verbaux, dans les 15 jours de leur date,
seront notifiés administrativement au domicile élu
par le concessionnaire ou le fermier, à la diligence
du préfet, et transmis dans le même délai au conseil
de préfecture du lieu de la contravention. (*Même
décret*, article 7.)

Les contraventions prévues en l'article 6 précité,
seront punies d'une amende de 300 francs à 3,000
francs. (*Même décret*, article 8.)

La plupart des lignes électriques sont placées le
long des chemins de fer ; elles sont en contact presque immédiat avec tout le mouvement qu'entraînent
toutes ces grandes exploitations, et subissent des
périls proportionnels au nombre d'agents qui circulent sur les voies ferrées, et à la puissance des masses
qui les parcourent. Il fallait protéger les lignes contre de pareils dangers et ne point permettre que les
compagnies, abusant de leur situation, pussent compromettre un service administratif. L'article 8 du
décret du 27 décembre 1851 a pourvu à cette nécessité en élevant la peine au niveau du péril ; mais le
législateur n'a pas voulu punir indistinctement tous
les actes, même accidentels, qui viendraient apporter
un trouble quelconque dans le service télégraphique.
Il exige qu'il y ait faute, et que l'accident arrive par
l'inexécution soit des clauses du cahier des charges,
soit des obligations imposées aux concessionnaires
ou par l'inexécution des règlements ou arrêtés émanés du ministre des travaux publics. Les préfets
devront donc agir avec fermeté contre celles des

compagnies qui, par l'incurie ou le mauvais vouloir de leurs agents, compromettent la correspondance télégraphique; mais il faut aussi bien se garder de rendre les compagnies responsables d'actes purement accidentels, et n'accusant ni imprudence, ni mauvaise direction. Lorsque des doutes s'élèvent sur certains faits, il est utile de consulter les ingénieurs en chef chargés du contrôle de l'exploitation. (*Circulaire du 25 novembre 1852.*)

Les crimes, délits ou contraventions prévus par le décret du 27 décembre 1851 pourront être constatés par des procès-verbaux dressés concurremment par les officiers de police judiciaire, les commissaires ou sous-commissaires préposés à la surveillance des chemins de fer, les inspecteurs des lignes télégraphiques, les agents de surveillance nommés ou agréés par l'administration et dûment assermentés. Ces procès-verbaux feront foi jusqu'à preuve contraire. (*Décret du 27 décembre 1851*, article 10.)

Les procès-verbaux dressés en vertu de l'article 10 du décret du 27 décembre 1851, seront visés pour timbre et enregistrés en débet. Ceux qui auront été dressés par des agents de surveillance assermentés devront être affirmés dans les trois jours, à peine de nullité, devant le juge de paix ou le maire, soit du lieu du délit ou de la contravention, soit de la résidence de l'agent. (*Même décret*, article 11.)

L'administration pourra prendre immédiatement toutes les mesures provisoires pour faire cesser les dommages résultant des crimes, délits ou contraventions, et le recouvrement des frais qu'entraînera l'exécution de ces mesures sera poursuivi administrativement, le tout ainsi qu'il est procédé en matière de grande voirie. (*Même décret*, article 12.)

L'article 463 du code pénal est applicable aux condamnations qui seront prononcées en exécution de la présente loi. (*Même décret*, article 13.)

En cas de conviction de plusieurs crimes ou délits

prévus par le décret du 27 décembre 1851, ou par
le code pénal, la peine la plus forte sera seule prononcée. (*Même décret*, article 14.)

Il arrive souvent qu'en dehors des cas prévus par
les articles 2 et 6 du décret du 27 décembre 1851 sur
la police des lignes télégraphiques, les compagnies
de chemin de fer et les particuliers causent des avaries au matériel de ces lignes, et presque toujours
les auteurs des dommages offrent d'en payer la réparation en argent. En général, il est préférable non-
seulement pour eux, mais encore pour l'administration de terminer l'affaire ainsi amiablement, au lieu
de la porter devant les tribunaux. En conséquence il
a été réglé de commun accord, entre les ministres de
l'intérieur et des finances, que, dans les cas de l'espèce, le dommage sera constaté par un procès-
verbal dressé contradictoirement entre les agents
télégraphiques et les contrevenants, et que ceux-ci
s'engageront, par une convention sous signature privée, à payer les frais dont le chiffre aurait été fixé,
soit à la caisse du receveur des finances de l'arrondissement, soit à celle du percepteur le plus voisin.
L'acte sera du reste, dans les deux cas, adressé au
premier comptable.

Les sommes recouvrées seront portées au compte
des *recettes accidentelles*, et il devra être transmis,
immédiatement après chaque versement, une déclaration tenant lieu de duplicata de récepissé à l'inspecteur des lignes télégraphiques. (*Circulaire du
20 août 1855.*)

CONTRE-SEING. Le contre-seing consiste dans la
désignation des fonctions de l'envoyeur suivi de sa
signature. (*Ordonnance du 17 novembre 1844*, article 13.) Lorsqu'un fonctionnaire sera hors d'état
de remplir les fonctions pour quelque cause légitime que ce soit, le fonctionnaire qui le rempla-

cera par intérim contresignera les dépêches à sa place, mais en contresignant chaque dépêche, il annoncera qu'il remplit par intérim les fonctions auxquelles le contre-seing est attribué. (*Id.*, article 16.) Voyez Nécessité de fermer.

CONVENTIONS TÉLÉGRAPHIQUES. Des conventions particulières passées entre la France et les puissances ci après : Belgique, Suisse, Italie, Prusse, Espagne, Bavière, grand-duché de Bade, règlent la correspóndance télégraphique entre deux bureaux frontières. Toutes les fois que deux bureaux télégraphiques frontières ne sont pas éloignés l'un de l'autre de plus de 50 kilomètres en ligne directe, la taxe à appliquer pour le parcours sur les deux territoires voisins, n'est que de 1 fr. 50 c., et suit toutes les conditions d'augmentation prescrites par les traités de Berne et de Bruxelles. (Voyez Taxe internationale, Dépêches.)

CONVENTIONS DE BERNE ET DE BRUXELLES. Voyez Taxe.

COPIES. Les dépêches secrètes, officielles ou de service, de départ, d'arrivée ou de passage, sont transcrites en entier sur des imprimés spéciaux intitulés : *Copies*. Les dépêches officielles ou de service sont transcrites sur des copies jaunes et les dépêches secrètes sur papier vert. Il est défendu de recommencer ou de gratter les copies. En cas d'erreur on rature le passage fautif, mais de façon, qu'il soit toujours possible de lire ce qu'on avait écrit d'abord. On distingue par une *m* ou un *s* les heures du matin et du soir. (*Circulaire*, n° 6.)

Dans les gares de chemin de fer desservies par des agents de l'Etat, les employés doivent transcrire *in extenso* sur le registre et les copies de procès-verbaux toutes les dépêches officielles. (*Circulaire n° 216.*)

Les dépêches *privées* d'arrivée et de passage sont transcrites *in extenso* sur des copies. Les originaux de ces dépêches ainsi que les copies d'arrivée et de passage sont conservées dans les archives. Les dé-pêches sont également transcrites sommairement sur un procès-verbal.

CORRESPONDANCE ADMINISTRATIVE. Sont autorisés à correspondre en franchise :

1° Les directeurs divisionnaires des lignes télégraphiques avec : les directeurs divisionnaires dans toute l'étendue de l'empire ; les préfets des départements ; les receveurs généraux et les receveurs particuliers des finances ; les inspecteurs des lignes télégraphiques ; les directeurs de station des lignes télégraphiques ; les stationnaires des lignes télégraphiques chargés d'un service ; les surveillants des lignes télégraphiques *dans le ressort de leur circonscription.* (¹)

2° Les inspecteurs des lignes télégraphiques avec : le directeur divisionnaire et l'inspecteur dont ils relèvent ; les directeurs de station ; les stationnaires chargés d'un service ; les surveillants *dans le ressort de leur circonscription.*

3° Les directeurs de station de lignes télégraphiques avec : le directeur divisionnaire et l'inspecteur dont ils relèvent ; le receveur général ou particulier des finances de l'arrondissement dans lequel est situé le bureau télégraphique ; les directeurs de station et les stationnaires chargés d'un service dont les bureaux sont limitrophes.

---

(1) L'organisation administrative du personnel d'après les bases de la division par département a modifié quelques termes de cette circulaire en remplaçant les Directeurs divisionnaires par les Inspecteurs départementaux, et les Directeurs de station par les Chefs de station ; mais ces modifications n'atteignent pas les désignations hiérarchiques.

4° Les stationnaires des lignes télégraphiques chargés d'un service avec : le directeur divisionnaire et l'inspecteur dont ils relèvent ; le receveur général ou particulier des finances de l'arrondissement dans lequel est situé le bureau télégraphique ; les directeurs de station et les stationnaires d'un service dont les bureaux sont limitrophes.

5° Les surveillants des lignes télégraphiques avec : le directeur divisionnaire et l'inspecteur dont ils relèvent.

La correspondance échangée entre les fonctionnaires et agents désignés ci-dessus sera expédiée *sous bandes ou sous plis fermés en cas de nécessité*. Toutefois, celle qui sera destinée aux receveurs des finances devra être transmise *exclusivement* sous bandes.

Les directeurs divisionnaires et les inspecteurs des lignes télégraphiques en tournée pourront correspondre en franchise dans toute l'étendue de leur circonscription, avec les fonctionnaires et agents désignés sous les n°s 1 et 2, mais ils ne pourront déléguer leur contre-seing à aucune personne au siége de leur résidence. (*Décision du ministre des finances du 15 octobre 1860.*)

CORRESPONDANCE AVEC LE PUBLIC. C'est au chef de bureau qu'il appartient de recevoir les réclamations et de correspondre avec les particuliers d'une manière verbale ou écrite.

Il conserve en dépôt les dépêches adressées bureau restant.

Lorsqu'un fonctionnaire ou agent se trouve exposé à des procédés inconvenants, il doit s'abstenir d'y répondre et faire constater les faits par un procès-verbal à l'autorité locale et à la direction générale des lignes télégraphiques. (*Circulaire* n° 337.)

## CORRESPONDANCE TÉLÉGRAPHIQUE PRIVÉE.

La télégraphie électrique mise à la disposition du public, depuis le 1er mars 1851, est réglementée par la loi organique du 29 novembre 1850.

Toute personne peut correspondre au moyen du télégraphe électrique, par l'entremise des agents de l'administration ou de ses délégués. (*Loi du 3 juillet 1861*, article 1er), mais la transmission de cette correspondance est toujours subordonnée aux besoins du service télégraphique de l'Etat. (*Loi du 29 novembre 1850*, article 1er.)

La loi du 29 novembre 1850 faisait à l'expéditeur une obligation d'établir son identité. Cette disposition que les formalités prescrites par le réglement du 17 juin 1852 rendaient difficilement praticable, a été modifiée par l'article 1er de la loi du 3 juillet 1861, qui spécifie simplement que l'administration peut, *lorsqu'elle le juge nécessaire*, exiger que l'expéditeur d'une dépêche établisse son identité.

L'Etat n'est soumis à aucune responsabilité, à raison de la correspondance privée, transmise par la voie télégraphique, et il peut en suspendre la transmission soit, sur une ou plusieurs lignes séparément, soit sur toutes les lignes à la fois. (*Loi du 24 novembre 1850*, articles 4 et 6.)

D'après les documents officiels, il a été transmis en 1851, par la voie télégraphique 9,014 dépêches taxées. Dix années plus tard, le même service transmettait 815,019 dépêches. Ce simple rapprochement de deux chiffres est un éloquent commentaire et permet d'apprécier combien l'usage de la correspondance télégraphique a pénétré dans les habitudes industrielles de notre pays.

L'application, en 1862, de la loi du 3 juillet 1861, qui abaisse considérablement et unifie le tarif intérieur, a donné, pour cette année, une augmentation considérable dans le chiffre des transmissions. C'est un résultat aussi fructueux pour les intérêts du trésor que pour ceux du commerce et de l'industrie. (Voyez Taxe, Dépêches.)

CORRESPONDANCE EN FRANCHISE. Voyez Communication de service, Franchise postale, Correspondance administrative.

CORRESPONDANCE CLANDESTINE ET ILLICITE. Voyez Lignes télégraphiques électriques.

CORSE. Voyez Taxe.

COURS DE LA BOURSE. Les préfets, les sous-préfets et les maires dans les villes où il n'y a pas de sous-préfet reçoivent seuls gratuitement la cote de la Bourse.

La cote de la Bourse doit, dès son arrivée, être affichée d'une manière apparente à l'extérieur du bureau télégraphique. Les personnes qui désirent avoir une expédition dressée et certifiée par le bureau télégraphique doivent acquitter le droit de cinquante centimes. L'expédition peut aussi être portée à domicile par un facteur du bureau moyennant un droit de cinquante centimes. Dans ces conditions le port peut s'entendre d'une affiche posée chaque jour par le facteur du bureau en un endroit déterminé. Ces frais d'expédition se comptent par abonnements mensuels qui partent du 1er de chaque mois et dont le prix, calculé à raison du nombre réel de jours pendant lesquels la Bourse de Paris devra être ouverte, sera versé d'avance pour le mois entier. Les sommes perçues sont enregistrées au journal des recettes ordinaires.

Les cours sont transmis en chiffres avec la hausse ou la baisse sur le cours précédent. La transmission des différences évite le collationnement et sert de preuve. (*Circulaire* n° 345.) Chaque chef de station est responsable de l'arrivée à son bureau des cours de la Bourse, et doit les réclamer à ses correspondants s'il ne les reçoit pas. (*Circulaire* n° 6.)

**CRUE DES COURS D'EAU.** Voyez Franchise télégraphique.

**CUMUL** des pensions de retraite. Le cumul de deux pensions est autorisé dans la limite de 6,000 francs, pourvu qu'il n'y ait pas double emploi dans les années de service présentées pour la liquidation. Cette disposition n'est pas applicable aux pensions que des lois spéciales ont affranchies des prohibitions du cumul. (Voyez Admission de retraite, Pension de retraite.)

**DÉFICIT DE CAISSE.** Les plaintes que peuvent avoir à former les chefs de station au sujet d'un service compromettant au point de vue de leurs intérêts contre les employés préposés à la perception, doivent être adressées à l'administration centrale (sous le timbre du bureau du matériel et des dépêches), appuyées de l'avis de l'inspecteur départemental. Après examen, les comptables, s'il y a lieu, demandent l'autorisation de provoquer (sous le timbre du bureau du personnel), telles mesures qu'il convient contre les employés dont l'insuffisance ou la mauvaise volonté leur sont démontrées.

Si, au moment de la vérification d'une caisse, les fonds qui composent le solde débiteur du comptable ne sont pas représentés intégralement, la caisse doit être considérée comme étant en déficit et l'inspecteur est tenu d'en faire son rapport (sous le timbre du bureau du matériel et des dépêches), quand bien même le chef de station rapporterait plus tard les fonds manquant et prouverait qu'il les avait tenus en réserve hors du local où est établie la station télégraphique. Lorsque le déficit est confirmé, l'inspecteur dresse un procès-verbal d'arrêté de compte que le comptable est tenu de signer, l'expédie et informe par un télégramme secret le directeur général, en proposant, s'il y a lieu, la nomination immédiate d'un chef de station intérimaire. Le directeur général provoque alors contre le comptable telles mesures disciplinaires qu'il convient, ou même fait exercer contre lui l'action judiciaire déterminée par la loi. (*Circulaire* n° 204.)

**DÉGATS.** Voyez Contraventions.

**DÉLAIS fixés pour les remboursements.** Les articles 20 et 26 des conventions de Bruxelles et de Berne, fixant à quinze jours, à partir de la date du dépôt de la dépêche, le délai après lequel les réclamations à fin de remboursement des taxes perçues pour les réponses payées sont périmées, il importe que les expéditeurs qui déposent le prix des réponses à des dépêches soumises aux règles desdites conventions soient avisés de ces dispositions. Un avis conforme doit être affiché dans les salles d'attente et les préposés aux recettes doivent en faire connaître de vive voix la teneur aux expéditeurs intéressés. (*Circulaire* n° 259.) Voyez Remboursements de taxe.

**DÉLÉGATION.** Voyez Sous-inspecteur.

**DEMANDE DE CONGÉ.** Il n'est donné aucune suite aux demandes de congé adressées directement à l'administration par la voie télégraphique (*Circulaire* n° 313), non plus qu'aux demandes qui ne parviendraient pas par la voie hiérarchique et ne seraient pas accompagnées de l'avis du fonctionnaire sous les ordres duquel le postulant se trouve placé. (*Circulaire* no 25.)

DEMANDE DE REMBOURSEMENT. Toute demande de remboursement de taxe doit être adressée dans les six mois qui suivent le jour du dépôt de la dépêche ; pour les demandes ayant trait à des réponses payées d'avance et qui n'ont pas été expédiées, ce délai est réduit à quinze jours.

Toute demande doit être adressée par écrit à l'administration par l'expéditeur de la dépêche à laquelle elle se rapporte, et accompagnée de la copie remise par le bureau d'arrivée au destinataire. (Voyez REMBOURSEMENT DES TAXES.)

DEMANDES PERSONNELLES. Les demandes personnelles sont adressées au directeur général par la voie hiérarchique. (*Circulaire* no 177.) Voyez CONGÉS.

DÉPÊCHES. On entend par dépêche toute correspondance missive qu'un expéditeur adresse par l'entremise des agents du service télégraphique à une destination quelconque.

Les dépêches destinées à la télégraphie doivent être écrites lisiblement, en langage ordinaire et intelligible, datées et signées des personnes qui les envoient, puis remises par elles ou leurs mandataires au directeur du télégraphe, et transcrites dans leur entier avec l'adresse de l'expéditeur sur un registre à souche. Cette copie est signée par l'expéditeur ou par son mandataire et par l'agent de l'administration télégraphique. Les articles destinés aux journaux et les dépêches relatives au service des chemins de fer sont exemptés de la transcription sur le registre à souche. (*Loi du 28 novembre 1850*, article 2.)

Le directeur du télégraphe peut, dans l'intérêt de l'ordre public et des bonnes mœurs, refuser de transmettre les dépêches qui lui paraissent de nature à compromettre la tranquillité publique ou porter atteinte à la morale. En cas de réclamation il en est référé à Paris au ministre de l'intérieur, et dans les départements au préfet ou au sous-préfet ou à tout autre agent délégué par le ministre de l'intérieur. Cet agent, sur le vu de la dépêche, statue d'urgence.

Si, à l'arrivée au lieu de destination, le directeur estime que la communication d'une dépêche peut compromettre la tranquillité publique, il en réfère à l'autorité administrative, qui a le droit de retarder ou d'interdire la remise de la dépêche. (*Loi du 29 novembre 1850*, article 3.)

L'expéditeur peut comprendre dans sa dépêche la demande de collationnement ou d'accusé de réception par le bureau destinataire. La taxe de collationnement est égale à celle de la dépêche. Copie de la dépêche collationnée est remise sans frais au domicile de l'expéditeur. La taxe de l'accusé de réception avec mention de l'heure de la remise à domicile est égale à celle d'une dépêche simple pour le même parcours télégraphique. (*Loi du 3 juillet 1861*, article 5.)

Le port des dépêches à domicile ou au bureau de la poste dans le lieu d'arrivée est gratuit. (*Même loi*, article 4.)

Il n'est admis de dépêches de nuit qu'entre les bureaux ouverts d'une manière permanente pendant la nuit. Ces dépêches ne sont soumises à aucune surtaxe. (*Même loi*, article 3.)

La transmission des dépêches privées par voie télégraphique est toujours subordonnée aux besoins du service télégraphique de l'Etat. (*Loi du 29 novembre 1850*, article 1er.)

Les dépêches sont transmises selon l'ordre d'inscription pour chaque destination. L'ordre de transmission entre les diverses destinations est réglé de manière à les servir utilement et également. Toutefois, les dépêches dont le texte dépasserait cent mots peuvent être retardées pour céder la priorité à des dépêches plus brèves quoique inscrites postérieurement. Les dépêches relatives au service des chemins de fer *et intéressant la sécurité des voyageurs* peuvent avoir la priorité, dans tous les cas, sur les autres dépêches. (*Même loi*, article 10.)

L'arrêté ministériel du 28 décembre 1861 qui supprime toutes les réductions de taxe accordées en vertu d'abonnements ou pour tout autre motif, conserve aux concessionnaires les avantages de priorité que plusieurs de ces arrêtés leur confèrent, à la condition que ces dépêches soient rendues publiques, et les concessionnaires demeureront autorisés à effectuer le paiement du prix de leurs dépêches d'après les règle s spéciales établies en leur faveur. (*Circulaire du 28 décembre 1861.*)

Les copies des dépêches confidentielles doivent être renfermées dans une enveloppe spéciale scellée à la cire et portant la mention : *Dépêches confidentielles* et intercalées ainsi dans l'enveloppe commune aux autres pièces. (*Circulaire* n° 344.)

Les dépêches diplomatiques ont la priorité sur les dépêches privées. (*Circulaire* n° 6.)

Les copies de dépêches de service relatives aux dépêches privées de départ ou d'arrivée sont annexées aux dépêches qu'elles concernent et fixées au moyen d'une épingle. Les avis de service relatifs à ces dépêches doivent être annexés aux copies et conservés dans les archives des stations, de manière qu'en demandant communication d'une dépêche privée, l'administration reçoive en même temps les avis de service auxquels elle aurait donné lieu. (*Circulaire* n° 344.)

Les copies de dépêches officielles, de départ, d'arrivée et de passage sont expédiées à l'administration accompagnées d'un bordereau leur servant de chemise. Les dépêches officielles de passage sont inscrites sur le registre d'inscription générale, mais sans numéro d'ordre. L'heure de la réexpédition y est indiquée dans une colonne réservée à cet usage. (*Circulaire* n° 6.) Voyez Copies.

Lorsqu'une dépêche émane d'un lieu privé de bureau télégraphique, le nom de la station où la dépêche a été déposée est transmis comme lieu de départ. Le quantième, l'heure et la minute qui suivent se rapportent au dépôt de la dépêche et l'on indique, avant l'adresse, le lieu d'origine, la date et l'heure réelle. (*Circulaire* n° 6, article 25.)

Les dépêches officielles sont toujours acceptées, quel que soit leur contenu, et l'autorité qui les a signées a le droit de les retirer, pourvu qu'elles n'aient pas été transmises. Dans ce cas, le fonctionnaire expéditeur doit faire une nouvelle dépêche pour annuler la première. (*Circulaire* n° 6, article 58.)

L'expéditeur d'une dépêche privée peut toujours être requis par l'administration d'établir son identité. (*Loi du 3 juillet 1861*, article 1er.)

Les dépêches privées en chiffres ne sont admises qu'à la condition d'être revêtues de la signature et du cachet d'un agent diplomatique. (*Circulaire* n° 6, article 13.)

Les dépêches qui font connaître les cours de la Bourse peuvent être acceptées sans dénomination de valeurs cotées ; mais dans ce cas l'expéditeur dépose une dépêche-type contenant les désignations des valeurs dont il vient transmettre les cours. (*Id.*, article 14.)

Les dépêches privées, de passage, sont classées entre elles et avec celles du bureau où elles sont momentanément déposées, suivant l'heure de leur arrivée dans ce bureau, sans tenir compte de l'heure du dépôt à la station d'origine. (*Circulaire* n° 6, article 18.)

Quand une dépêche est adressée à plusieurs destinataires dans la même ville, la taxe est augmentée pour frais de copie d'autant de fois cinquante centimes qu'il y a de destinataires moins un. (*Loi du* 28 *mai* 1853. article 4.)

On ne doit pas recevoir les dépêches qui seraient adressées aux chefs de gare pour être transmises à un tiers. Ces dépêches doivent être adressées directement de l'expéditeur au destinataire, et l'expéditeur doit acquitter, s'il y a lieu, la taxe supplémentaire d'exprès, d'estafette ou de chargement (*Circulaire* n° 323.)

Lorsqu'une dépêche adressée au domicile commercial d'un failli est réclamée par le syndic ou en son nom, le chef de station doit avant de délivrer la dépêchebe faire présenter et garder dans ses archives, le jugment portant nomination du syndic. Mais lorsque la dépêche est adressée au failli hors du domicile commercial, le chef de station ne doit remettre la déêche que d'après les instructions du président du tripunal civil compétent, et le chef de station doit agir de même au cas où le syndic voudrait s'opposer à la transmission des dépêches présentées par le failli. (*Circulaire* n° 233.)

Toute dépêche déjà en transmission sur une ligne et lancée ensuite sur une ou plusieurs autres, doit être précédée sur celle-ci du mot *ampliation* donné en toutes lettres immédiatement après le signal initial. (*Circulaire* n° 9.)

Les dépêches adressées aux bureaux italiens indiqués dans la circulaire n° 274 donnent lieu à une surtaxe de 3 francs, quand elles doivent être portées à bord des navires dans le port. (*Circulaire* n° 274.)

Les seules stations de l'Italie où l'on puisse requérir des estafettes sont : Suse, Novarre, Pallanza, Gênes, Velletri, Savone, Albenga, Oneille, San Remo, Chiavari, Spezzia et Sarzane. (*Circulaire* n° 235.)

L'administration espagnole perçoit au départ une somme de 6 réaux (1 fr. 50 c.) pour les dépêches qui doivent être portées à bord d'un bâtiment dans un port de l'Espagne, et cela sous préjudice d'une taxe supplémentaire à percevoir, s'il y a lieu, sur l'expéditeur par suite de l'état de la mer ou d'une distance exceptionnelle. (*Circulaire du 1er mai 1862.*)

Une dépêche privée ne peut être retirée que par la personne même qui l'a remise ou envoyée. (*Circulaire* n° 6, article 9.)

Lorsqu'une dépêche est retirée, il y a lieu à remboursement des frais accessoires, mais le principal de la taxe demeure acquis au Trésor, toutefois s'il s'agit d'une taxe internationale, la taxe étrangère peut être rendue. (*Circulaire* n° 1, article 11.) Voyez Remboursement des taxes.

DÉPÊCHES ADRESSÉES EN BOURSE. Les dépêches adressées en Bourse doivent le mentionner spécialement à la suite de l'adresse du destinataire. Celles que l'administration se charge de faire remettre à leurs destinataires, pendant les heures du marché, devant, lorsqu'elles arrivent après la clôture de la Bourse, être remises à domicile, il est indispensable qu'outre la mention désormais obligatoire, l'adresse exacte du destinataire y soit consignée. (*Circulaire du 28 décembre 1861.*)

DÉRANGEMENTS. La recherche des dérangements exige le concours actif de tous les fonctionnaires et agents de l'administration, et, en premier lieu, celui des employés de station, parce que ce sont

eux qui en ont les premiers connaissance, et que,
près d'eux, se trouvent les appareils, les piles, les
fils de poste et les communications à la terre. Des
recherches minutieuses dans les stations doivent toujours précéder celles à faire sur les lignes. Lorsqu'il
est reconnu que la cause du dérangement ne vient
d'aucun vice du poste, il faut, si la station avec laquelle on est en correspondance se trouve séparée
par une ou plusieurs autres stations, prescrire d'abord
aux stations intermédiaires de vérifier avec soin leurs
communications directes, puis faire rentrer la plus
voisine dans le circuit. Si le dérangement subsiste
encore avec cette station, il faut lui recommander de
faire elle-même dans son poste les recherches réglementaires; si elles restent infructueuses, chacune
de ces deux stations envoie un surveillant sur la section de ligne qui les sépare. Lorsque, au contraire, le
travail avec cette station a lieu régulièrement, cette
station voisine procède de même avec la suivante, et
ainsi de suite. Ces diverses opérations et l'ordre de
départ du surveillant sont inscrits au procès-verbal,
avec l'indication des heures. (*Circulaire* nº 76.)
Voyez Entretien et surveillance des lignes, Chefs
surveillants et surveillants.

**DEVIS DES TRAVAUX NEUFS OU D'ENTRE-
TIEN.** Voyez Inspecteur départemental.

**DIRECTEUR DES TRANSMISSIONS.** Les directeurs de transmissions sont nommés par le ministre
de l'intérieur sur la présentation du directeur général, ainsi qu'il résulte de l'article 4 du décret impérial
du 20 janvier 1862.

Le personnel des directeurs forme deux classes
composées de 92 titulaires. La première classe ne
peut comprendre plus des $4/10^{es}$ du nombre total des
fonctionnaires de ce grade.

Les traitements sont fixés à 3,500 francs pour la première classe et à 3,000 francs pour la deuxième.

L'uniforme des directeurs de transmissions est réglé ainsi qu'il suit : Habit en drap bleu de roi, collet et parements en drap bleu flore, broderie en argent du même dessin que celle des ingénieurs des ponts et chaussées. Gilet blanc. Pantalon bleu ou blanc avec bande d'argent. Chapeau français. Epée à poignée de nacre, garde argentée. Boutons en argent à l'aigle avec l'exergue : *Lignes télégraphiques*. Broderie au collet et parements. (*Arrêté ministériel du 9 février 1862.*)

Le directeur de transmissions prend les mesures nécessaires pour assurer aux dépêches la transmission la plus sûre et la plus prompte. Il donne, à cet égard, les instructions convenables aux chefs de station du département.

Il est responsable de l'expédition et de la traduction des dépêches officielles et privées de son bureau. A moins d'empêchement valable, il collationne et signe toutes les dépêches officielles et doit, autant que possible, agir de même pour les dépêches privées.

Il est comptable des recettes de son bureau, et, à ce titre, il fournit un cautionnement déterminé en exécution de l'article 12 du décret du 20 janvier 1862.

Il a sous ses ordres directs les employés et agents attachés au bureau dont la gestion lui est confiée, et sous aucun prétexte il ne doit permettre qu'ils soient distraits de leurs fonctions réglementaires sans une autorisation du directeur général.

En cas d'infraction au règlement, il peut leur infliger une retenue de deux jours de traitement par mois ; il en rend compte immédiatement à l'inspecteur.

Il ne correspond qu'avec l'inspecteur, excepté dans les cas déterminés par les instructions. Il lui envoie les procès-verbaux, les rapports, les comptes mensuels et toutes les pièces relatives au service des transmissions et de la comptabilité.

Il veille à ce que le procès-verbal soit la représentation exacte de tous les incidents et faits qui se produisent dans les transmissions.

Il est responsable de la bonne tenue, du classement et de la conservation des registres et documents appartenant à son bureau.

Il est tenu dans chaque station un livre d'ordres sur lequel sont enregistrées les instructions données par le directeur aux employés et les punitions de toute nature qui leur sont infligées, ainsi que les motifs de ces punitions. Si les mesures disciplinaires émanent du directeur général ou de l'inspecteur, l'indication des causes qui les ont occasionnées doit être empruntée à la lettre de service qui les a notifiées.

Les mouvements du personnel figurent également au livre d'ordres.

Ce document est tenu par les soins du directeur, qui seul a le droit d'y inscrire les mentions de service qui peuvent y être portées.

L'ordre et les heures de présence des employés au bureau sont réglés par le directeur, conformément aux instructions de l'administration, et d'après un roulement établi de manière à répartir également entre eux les obligations du service. (Voyez Employé.)

L'ordre de service pris à cet effet est affiché dans la salle de manipulation.

En dehors des heures réglementaires, le directeur conserve la faculté de réclamer, quand les circonstances l'exigent, le concours des employés libres en les appelant à tour de rôle pour les besoins exceptionnels du service.

Le directeur reçoit de l'inspecteur le matériel et le mobilier du bureau, et en conserve l'inventaire, conformément aux instructions réglementaires.

Il signale par écrit à l'inspecteur les besoins au fur et à mesure qu'ils se manifestent, et prend en charge les objets qui lui sont remis en les inscrivant sur le carnet aussitôt après leur réception.

Il est responsable de la conservation du matériel du bureau et de l'usage qui en est fait par les employés et agents sous ses ordres.

Il fait maintenir les locaux et le matériel du bureau dans un état constant d'ordre et de propreté.

Il est responsable de l'état de la pile, et charge spécialement un facteur de son entretien matériel. Les employés à tour de rôle sont désignés pour assister et diriger le facteur dans cette opération.

Il veille au réglage des appareils de son bureau; il tient la main à l'exécution fidèle de toutes les observations et expériences qui lui sont demandées, soit pour la vérification de l'état des lignes, soit pour le réglage des appareils correspondants.

Il pourvoit au chauffage et à l'éclairage du bureau au moyen de l'indemnité qui lui est allouée. Il en est de même pour les frais de bureau et les menues dépenses concernant l'entretien et la propreté des piles et des pièces affectées au service.

En cas d'accident ou de dérangement de ligne, il en avertit le surveillant en résidence dans la localité ou celui qui en est le plus voisin, et informe l'inspecteur par la voie la plus prompte.

Il avertit par écrit l'inspecteur des fautes ou de la négligence dont les surveillants se rendraient coupables.

Le directeur ne peut introduire dans la salle de manipulation aucune personne étrangère au service, sans l'autorisation du directeur général, et cette autorisation doit être demandée par la poste. (*Règlement ministériel du 15 août 1862.*)

7.

**DIRECTEUR GÉNÉRAL.** Le directeur général est le chef de l'administration des lignes télégraphiques.

Il est nommé par l'Empereur, et relève de l'autorité immédiate du ministre de l'intérieur, avec lequel il travaille directement.

Il reçoit et ouvre la correspondance. Il règle le service, correspond avec les diverses autorités et prend toutes les mesures d'exécution nécessaires.

Les chefs de station, commis principaux, employés chefs surveillants, surveillants et facteurs, sont nommés par le directeur général.

Le traitement du directeur général est fixé à 25,000 francs par an, par décret du 20 janvier 1862.

A l'exception des fonctionnaires dont la nomination est réservée au ministre, les peines disciplinaires prévues par les règlements peuvent être appliquées par le directeur général, à tous les fonctionnaires et agents du service télégraphique.

Il peut en outre exercer sur le traitement des fonctionnaires autres que les inspecteurs généraux, les inspecteurs, les sous-inspecteurs et les directeurs de transmissions une retenue qui ne peut excéder 15 jours.

Le directeur général est, de droit, président de la commission consultative. (Voyez COMMISSION CONSULTATIVE.)

L'uniforme du directeur général, est réglé comme il suit :

Habit en drap bleu de roi, collet et parements en drap bleu flore, broderie en argent du même dessin que celle des ingénieurs des ponts et chaussées. Gilet blanc. Pantalon bleu ou blanc avec bande d'argent. Chapeau français à plumes noires. Epée à poignée de nacre, garde argentée. Boutons en argent à l'aigle, avec l'exergue : *Lignes télégraphiques*. Broderies au collet, parements et taille, bouquet de poches, baguette et bord courant autour de l'habit, s'étendant sur toute la poitrine. (*Arrêté ministériel du 9 juillet* 1862.)

DISPONIBILITÉ. Les fonctionnaires et agents peuvent être mis en disponibilité pour cause de maladie (voyez CERTIFICATS DE MALADIES), ou infirmités temporaires entraînant cessation de travail pendant plus de six mois. La disponibilité est prononcée par le ministre sur la proposition du directeur général. Le fonctionnaire ou agent en disponibilité, peut être admis à jouir, pendant deux ans au plus de la moitié du traitement affecté à son grade. Les fonctionnaires ou agents en disponibilité, en congé ou en retrait d'emploi ne conservent leurs droits à la retraite qu'à la charge par eux de verser successivement les retenues imposées par la loi du 9 juin 1853 sur les pensions civiles et calculées sur le montant intégral du traitement d'activité de leur grade. (*Décret du 20 janvier* 1862, articles 9 et 10.)

DOSSIERS ET LIVRETS PERSONNELS. Voyez INSPECTEUR DÉPARTEMENTAL.

DROIT DE TRANSIT. Voyez TAXE.

DROITS DE L'ÉTAT. Voyez LIGNES TÉLÉGRAPHIQUES ÉLECTRIQUES, AUTORISATION POUR ÉTABLIR UNE LIGNE TÉLÉGRAPHIQUE.

ÉCLAIRAGE ET CHAUFFAGE DU BUREAU. Voyez ABONNEMENT DES STATIONS.

ÉLÈVES DE L'ÉCOLE POLYTECHNIQUE. Voyez ORGANISATION ADMINISTRATIVE.

EMPLOIS SUPPRIMÉS. Les receveurs, dont l'emploi est supprimé, pourront, exceptionnellement, continuer à exercer leurs fonctions ; leur traitement restera fixé conformément aux dispositions du décret du 29 novembre 1858. *(Décret du 30 janvier 1862, art. 2.)*

**EMPLOYÉ.** Au mot Surnumérariat, nous avons indiqué les conditions requises pour être admis dans l'administration des lignes télégraphiques et spécialement les formalités à remplir et les conditions d'aptitudes exigées pour remplir les fonctions de stationnaire.

Il nous reste à traiter ici des attributions et devoirs de ces employés.

Les employés du service télégraphique sont nommés par le directeur général.

Le nombre des emplois est déterminé par les besoins du service.

Les employés sont divisés en trois classes, dont la première et la deuxième, ne peuvent dépasser les 3/10ᵉˢ du nombre total des employés.

Il est alloué aux employés de première classe un traitement annuel de 1,800 francs, fixé à 1,600 francs pour ceux de la deuxième classe et à 1,500 francs pour ceux de la troisième.

Les employés de troisième classe sont choisis parmi les surnuméraires ayant au moins un an d'exercice et qui ont été nommés par les préfets à la suite des examens d'un concours dont le directeur général arrête le programme. (Voyez Organisation administrative.)

L'uniforme des employés est le même que celui des commis principaux, avec cette différence que l'habit de l'employé n'a de broderie qu'au collet, tandis que celui du commis principal est brodé aux parements par une baguette dentelée.

Les employés manœuvrent et entretiennent les appareils, reçoivent, expédient les dépêches et coopèrent à la perception des taxes sous l'autorité du directeur de transmissions ou du chef de station.

Il est expressément interdit d'employer les appareils à tout autre usage qu'à celui des transmissions réglementaires, qui doivent toujours être mentionnées sur le procès-verbal.

Toutes celles dont l'employé est obligé de prendre l'initiative pour les besoins du service doivent y être inscrites *in extenso*.

Les employés se conforment exactement aux instructions spéciales sur l'emploi des signaux et aux ordres qui règlent les correspondances entre les bureaux.

Les employés tiennent en parfait état de propreté et d'entretien tous les appareils dont ils font emploi. Ils doivent chaque jour, au moment où ils prennent leur service, visiter et nettoyer tous les contacts.

En cas de dérangement des appareils ou de la ligne, ils en préviennent sur-le-champ le chef du bureau ou le commis principal, chargé de la surveillance du poste. Ils assistent à tour de rôle le facteur chargé de l'entretien de la pile et lui donnent les indications nécessaires pour cette opération.

Les employés font toutes les expériences et les observations qui leur sont ordonnées par le chef du bureau ou le commis principal.

Ils se conforment rigoureusement et sans objection, à toutes les demandes qui leur sont faites régulièrement des postes correspondants, pour faciliter les expériences jugées nécessaires à la vérification et au réglage des appareils; sous aucun prétexte ils ne peuvent refuser les dépêches qui leur sont présentées par leurs correspondants. Les observations qu'ils croient utiles de faire sont consignées au procès-verbal.

Les employés transmettent et reçoivent toutes les dépêches d'exercice nécessaires pour l'instruction des surnuméraires.

Dans tous les bureaux où le service n'est pas per-manent, les séances sont prolongées au delà des heures de clôture réglementaires, jusqu'à ce que les lignes n'aient plus rien à transmettre du service de jour.

L'ordre de service dans chaque poste est réglé, par le directeur ou chef de station, conformément aux instructions administratives; néanmoins les em-ployés devant tout leur temps au service, peuvent à toute heure, être appelés à participer au travail de la station.

Chaque employé *de service* doit être présent à l'ouverture de la séance; il ne peut s'absenter pen-dant la durée de son service, ni se faire remplacer par un de ses collègues, sans une autorisation du chef du bureau. (*Règlement ministériel du 15 août 1862.*)

Une circulaire de la direction générale en date du 22 octobre 1857 règle l'ordre du service de la ma-nière suivante :

Les heures de service entre les stationnaires, seront fixes suivant la saison, de 7 ou de 8 heures du matin à 10 heures, de 10 à 5 heures et de 5 à 9 heures.

Le personnel sera divisé de manière à propor-tionner aux exigences du service, le nombre des em-ployés présents au poste de 10 à 5 heures, et à le restreindre dans d'étroites limites pendant les séances du matin et du soir.

Cette répartition aura lieu comme il est indiqué ci-après pour la saison d'été :

Dans les postes composés de deux employés, le service sera fait alternativement de 7 à 10 heures, et de 5 à 9 heures par le premier employé et de 10 à 5 heures par le deuxième.

Si le bureau comprend trois employés, l'un d'eux sera présent de 7 à 10 et de 5 à 9; les deux autres de 10 à 5.

Dans les stations auxquelles sont attachés quatre employés, l'un sera de service de 7 à 10 et de 5 à 9, et deux autres de 10 à 5. Le travail du matin et du soir n'ayant que peu d'importance, pourra dans la plupart des cas être assuré avec un seul employé et le quatrième stationnaire deviendrait ainsi disponible.

Enfin dans les bureaux où le service de nuit est institué, vous diviserez le personnel en un nombre de sections ou de brigades suffisant, pour que celle qui sera chargée du service de nuit, n'ait pas à participer au service du jour. Si, par exemple, vous avez formé six brigades, la première devra passer la nuit, la deuxième et la troisième prendront le service de 7 à 10 heures et de 5 à 9, les quatrième, cinquième et sixième seront de présence de 10 à 5 heures.

Un roulement devra être organisé d'ailleurs entre chaque brigade, de manière à ce que le service du matin, du jour ou de la nuit, soit fait alternativement par tous les stationnaires.

Le service d'hiver ne diffère que par l'heure de l'ouverture du bureau, qui a lieu à 8 heures du matin. (*Circulaire du 22 octobre 1857.*)

Un certain nombre de postes télégraphiques établis dans les gares de chemins de fer sont desservis par des stationnaires de l'Etat dont le traitement est remboursé par les compagnies. Lorsqu'il ne pourra pas être attaché à ces postes un commis principal faisant fonctions de chef de station, le service sera centralisé entre les mains d'un des stationnaires désigné à cet effet par le directeur des transmissions. Cet employé devra être choisi parmi les plus aptes à remplir ce service et autant que possible la préférence devra être accordée au stationnaire le plus ancien de la classe la plus élevée de chaque poste qui sera chargé de la surveillance du bureau. Il correspondra seul avec l'administration. (*Circulaire du 17 octobre 1857 et règlement du 15 août 1862.*)

Les employés constatent sur le procès-verbal tout ce qui, dans le service, n'est pas parfaitement régulier.

Tout employé qui, volontairement, retarderait ou empêcherait les communications, serait passible de révocation, sans préjudice des poursuites judiciaires dont il pourrait être l'objet.

Il est absolument interdit aux employés d'introduire, dans la salle des appareils, des personnes étrangères au service télégraphique.

Toute demande adressée par un employé à l'un de ses supérieurs ne peut être transmise que par l'intermédiaire de son chef immédiat. (*Règlement ministériel du* 15 *août* 1862.) Voyez LIGNES TÉLÉGRAPHIQUES AÉRIENNES.

**EMPLOYÉS AUXILIAIRES.** Des employés auxiliaires pourront gérer les bureaux secondaires ou y être attachés, mais ils ne feront pas partie des cadres de l'administration.

La liste des bureaux secondaires, les conditions d'admissions et le taux des indemnités des employés auxiliaires, enfin les règles de leur service, seront déterminés par arrêtés du ministre de l'intérieur. (*Décret du* 20 *janvier* 1862.)

**EMPLOYÉS** DE L'ADMINISTRATION CENTRALE. (Voyez ORGANISATION ADMINISTRATIVE, page 43.)

**ENTRETIEN DE LA PILE.** Voyez DIRECTEUR DE TRANSMISSION.

**ETAT DE SITUATION.** Voyez SURVEILLANCE ET ENTRETIEN DES LIGNES.

**EXAMEN DES CANDIDATS** A L'EMPLOI DE CHEF SURVEILLANT.

L'examen destiné à constater l'aptitude des candidats à l'emploi de chef surveillant a lieu aux époques fixées par le directeur général de l'administration, au chef-lieu du département où ils résident.

Pour être admis à concourir, les candidats sont tenus, s'ils sont étrangers à l'administration, de justifier de leur qualité de français, de sept années de service militaires, et de produire leur acte de naissance, ainsi qu'un certificat de bonne vie et mœurs, délivré par le maire de leur dernier domicile.

Ils ne doivent pas avoir plus de 30 ans. Cette limite d'âge est reculée jusqu'à 40 ans pour les surveillants et les facteurs.

Les agents du service télégraphique qui désirent se présenter à l'examen, en sollicitent l'autorisation par la voie hiérarchique. En transmettant leur demande à l'administration centrale, les inspecteurs y joignent leur avis motivé et tous les renseignements de nature à faire apprécier si elles doivent être accueillies.

Les autres candidats adressent leurs demandes au directeur général.

L'examen porte sur les matières ci-après :

1º Écriture ;

2º Orthographe ;

3º Rédaction ;

4º Arithmétique élémentaire (quatre règles, nombres décimaux, fractions, système des poids et mesures) ;

5º Dessin linéaire.

Les sujets de compositions sont envoyés aux inspecteurs sous un pli cacheté qui ne doit être ouvert qu'au moment même de l'examen.

Les compositions datées et signées par les candidats, sont remises à la fin de la séance, à l'inspecteur qui appose son visa sur chaque feuille et les transmet le même jour au directeur général, pour être soumises au jugement de la commission instituée à Paris pour l'examen des surnuméraires.

La commission dresse la liste des candidats par ordre de mérite.

Ceux qui ont satisfait aux épreuves du concours ne sont nommés chefs surveillants, qu'après un stage de six mois, pendant lequel ils sont appelés à prendre part aux travaux de la construction des lignes.

Les candidats étrangers à l'administration qui, à l'expiration de ce laps de temps, ne sont pas reconnus aptes à remplir les fonctions de chef surveillant, peuvent être renvoyés dans leurs foyers.

Les surveillants et les facteurs qui se trouvent dans le même cas, sont appelés à reprendre leur service. (*Arrêté de la direction générale du 2 octobre 1862.*)

**EXPÉDITEUR.** Voyez DÉPÊCHES. CORRESPONDANCE TÉLÉGRAPHIQUE PRIVÉE.

**EXPÉRIENCES.** Voyez INSPECTEUR DÉPARTEMENTAL.

**FACTEUR.** Les facteurs sont choisis autant que possible parmi les anciens militaires ayant moins de 35 ans. Ils sont divisés en trois classes, dont la première et la deuxième ne peuvent dépasser chacune les 3/10es du nombre total des employés, lequel est déterminé par les besoins du service.

Le traitement des facteurs de première classe est fixé à 1,000 francs par année, ceux de la deuxième reçoivent 900 francs et ceux de la troisième 800 francs.

L'uniforme des facteurs se compose d'une tunique en drap bleu de roi, collet et parements en drap bleu flore, numéro d'ordre au collet. Pantalon en drap bleu pour l'hiver, en coutil gris pour l'été. Casquette à l'aigle sans galon. (*Arrêté ministériel du 9 juillet* 1862).

Les facteurs sont chargés de la distribution des dépêches à domicile et du service intérieur des bureaux.

Ils sont sous les ordres immédiats du directeur des transmissions ou du chef de station.

Ils se rendent chaque jour avant l'ouverture à la station, nettoient et préparent la salle d'attente, le cabinet du chef du bureau et le poste télégraphique.

Ils portent, avec toute la célérité possible, les dépêches officielles et privées au domicile des destinataires et font inscrire sur le reçu l'heure et la minute de la remise.

Ils font toutes les courses qui leur sont commandées par le chef du bureau pour les affaires du service.

Dans les intervalles des courses, ils se tiennent à la station, dans la salle d'attente, ou, s'il n'y en a pas, à la place qui leur est assignée par le chef du bureau.

Les facteurs ne doivent se charger dans aucun cas de remettre et de faire taxer à la station les dépêches du public.

Dans les courses pour le service, ils sont toujours revêtus de leur uniforme et munis d'un portefeuille dans lequel ils doivent renfermer leurs dépêches.

Ils sont chargés de l'entretien du matériel de la pile.

Toute demande adressée par un facteur à un de ses supérieurs doit être transmise par l'intermédiaire du chef de bureau.

Tout facteur qui ouvrira les plis contenant les dépêches qu'il est chargé de distribuer sera révoqué, sans préjudice des poursuites judiciaires dont il pourrait être l'objet.

Est passible de révocation tout facteur qui perd une dépêche confiée à ses soins, ou qui, pendant le service, se met en état d'ivresse. (*Règlement ministériel du 15 août 1862.*)

FORMULES. Voyez FRANCHISE POSTALE.

FRAIS DE ROUTE ET DE SÉJOUR. Les frais de

route et de séjour des fonctionnaires et agents de
l'administration des lignes télégraphiques sont fixés
ainsi qu'il suit :

| PERSONNEL. | FRAIS de route par myriamètre. | FRAIS de séjour. |
|---|---|---|
| Directeur général . . . . . . . . | 10f » | 40f » |
| Inspecteurs généraux . . . . . . | 6 » | 15 » |
| Inspecteurs. . . . . . . . . . . . | 4 » | 10 » |
| Sous-inspecteurs . . . . . . . . | 3 » | 8 » |
| Directeur des transmissions . . . | 3 » | 8 » |
| Chefs de station . . . . . . . . | 2 50 | 6 » |
| Elèves . . . . . . . . . . . . | 2 50 | 6 » |
| Commis principaux . . . . . . . | 2 50 | 6 » |
| Traducteurs . . . . . . . . . . | 2 50 | 6 » |
| Gardes-magasins . . . . . . . . | 2 50 | 6 » |
| Receveurs . . . . . . . . . . . | 2 50 | 6 » |
| Employés. . . . . . . . . . . . | 2 » | 4 » |
| Employés surnuméraires . . . . | 2 » | 4 » |
| Chefs surveillants. . . . . . . . | 2 » | 4 » |
| Surveillants . . . . . . . . . . . | 2 » | 3 » |
| Facteurs . . . . . . . . . . . . . | 2 » | 3 » |

Les allocations pour frais de route sont réduites
d'un tiers, lorsque les trajets ont lieu en chemin de
fer, et des trois quarts lorsque les employés ou agents
ont reçu des permis de circulation. (*Arrêté ministériel du* 28 *février* 1863.) Voyez INSPECTEUR GÉNÉ-
RAL, INSPECTEUR DÉPARTEMENTAL.

FRAIS IMPRÉVUS. Voyez SURVEILLANCE ET EN-
TRETIEN DES LIGNES.

FRANCHISE POSTALE. Sont autorisés à corres-

pondre en franchise par la voie de l'administration
des postes et en exécution des arrêtés des 6 juin,
6 septembre 1859 et 13 février 1860 du ministre des
finances.

### 1º *Les inspecteurs départementaux, avec :*

Les inspecteurs départementaux dans toute
  l'étendue de l'empire
Les préfets des départements
Les receveurs généraux et les receveurs
  particuliers des finances
Les inspecteurs des lignes télégraphiques
Les directeurs de transmissions et les chefs
  de station
Les commis principaux et les stationnaires
  chargés d'un service
Les surveillants des lignes télégraphiques

dans le ressort de leur circonscription.

### 2º *Les directeurs de transmissions, avec :*

L'inspecteur départemental
Les chefs de station
Les commis principaux et les stationnaires
  chargés d'un service
Les surveillants

dans le ressort de leur circonscription.

### 3º *Les chefs de station, avec :*

L'inspecteur départemental
Le directeur des transmissions

dont ils relèvent.

Le receveur général ou particulier des finances de l'arrondissement dans lequel est situé le bureau télégraphique.

Les chefs de station
Les commis principaux et stationnaires
  chargés d'un service

dont les bureaux sont limitrophes.

### 4º *Les commis principaux et les stationnaires chargés d'un service, avec :*

L'inspecteur départemental
Le directeur de transmissions

dont ils relèvent.

Le receveur général ou particulier des finances de l'arrondissement dans lequel est situé le bureau télégraphique.

Les chefs de station            ) dont les bureaux
Les commis principaux et les stationnaires }    sont
    chargés d'un service           ) . limitrophes.

5° *Les surveillants des lignes télégraphiques, avec :*

L'inspecteur départemental       { dont ils relèvent.
Le directeur des transmissions

La correspondance échangée entre les fonctionnaires et agents désignés ci-dessus sera expédiée *sous bandes* ou *sous plis fermés en cas de nécessité.*

Toutefois celle qui sera destinée aux receveurs des finances devra être transmise exclusivement *sous bandes.*

Les inspecteurs généraux et départementaux en tournée pourront correspondre en franchise dans toute l'étendue de leur circonscription, avec les fonctionnaires et agents désignés sous les n⁰ˢ 1 et 2, mais ils ne pourront déléguer leur contre-seing à aucune personne au siége de leur résidence.

Lorsqu'un fonctionnaire sera hors d'état de remplir ses fonctions par absence, maladie ou toute autre cause légitime, le fonctionnaire qui le remplacera par intérim, contre-signera la dépêche à sa place ; mais en contre-signant chaque dépêche, il énoncera qu'il remplit par intérim les fonctions auxquelles le contre-seing est attribué, suivant qu'il est prescrit par l'article 16 de l'ordonnance royale du 17 novembre 1844.

On doit autant que possible restreindre l'emploi du *pli fermé,* et n'en faire usage que dans le cas d'absolue nécessité, c'est-à-dire lorsqu'il s'agit de transmettre des documents secrets ou des affaires tout à fait confidentielles.

Aux termes de l'article 10, § 2 de l'ordonnance du 17 novembre 1844. « Les formules d'imprimés à » l'usage des fonctionnaires ou établissements pu-

» blics sont formellement exclues de la franchise
» attribuée à la correspondance de service des fonc-
» tionnaires publics. »

Il en est de même des mandats d'articles d'argent délivrés au profit d'agents changés de résidence, qui, n'ayant pu toucher eux-mêmes leur traitement avant leur départ, se le font adresser en un
bon sur la poste.

Lès abus de franchise signalés par l'administration
des postes seront sévèrement réprimés, et la stricte
exécution des prescriptions qui précèdent est recommandée à MM. les fonctionnaires de l'administration
des lignes télégraphiques, chacun en ce qui le concerne. (*Circulaire du 3 avril 1860.*)

FRANCHISE TÉLÉGRAPHIQUE. La franchise télégraphique *illimitée* appartient à :

S. M. l'Impératrice ;

LL. AA. II. le prince Napoléon ; la princesse
Clotilde et la princesse Mathilde.

La correspondance des fonctionnaires publics,
exclusivement relative au service de l'Etat, est
seule transmise gratuitement par le télégraphe.

Les fonctionnaires ci-après dénommés sont autorisés à requérir directement de l'administration des
lignes télégraphiques la transmission gratuite de
leurs dépêches *administratives*.

Maison de l'Empereur. Le grand maréchal du palais ; le grand chambellan ; le
grand maître des cérémo-
nies ; le chef du cabinet de
l'Empereur ; l'aide de camp
de service ; le chambellan de
service. Tout dignitaire ou
officier en mission spéciale
pour le service de Sa Majesté.

Les ministres ; les maréchaux commandants supérieurs ; les préfets ; les sous-préfets ; le maire de
Calais ; les généraux commandant les divisions militaires ; les généraux commandant les subdivisions ;
(en résidence ou non au chef-lieu de la division) ;
les généraux commandant un corps d'armée ; les
commandants militaires, (c'est-à-dire les chefs de
corps investis d'un commandement militaire exceptionnel) ; les intendants militaires ; les sous-intendants (dans les villes où il n'y a pas d'intendants ;
quand il y a plusieurs sous-intendants, dans la même
ville, la franchise n'appartient qu'au plus ancien,
qui vise alors les dépêches de ses collègues) ; les
préfets maritimes ; les commissaires maritimes ; chefs
de service, etc. (dans les villes où il n'y a pas de
préfet maritime) ; le syndic des gens de mer à St-
Nazaire (avec le commissaire de marine à Nantes) ;
les commandants d'escadres ; les procureurs généraux ; les procureurs impériaux (dans les villes où il
n'y a pas de procureur général) ; le directeur général des postes ; les agents diplomatiques à l'étranger ; l'agent des affaires étrangères à Marseille ; le
directeur de la santé à Marseille (avec le ministre du
commerce) ; les premiers présidents des cours impériales (avec les ministres seulement) ; les receveurs
généraux des finances (avec les ministres seulement) ; les archevêques et évêques (avec les ministres) ; le président de la commission des monnaies
de Paris, avec le directeur de la monnaie de Strasbourg ; le directeur des postes de Calais avec le directeur général des postes ; le commissaire spécial
du port de Calais avec les ministres de l'intérieur et
des affaires étrangères ; les commissaires spéciaux de
police sur les chemins de fer (1° avec le ministre de
l'intérieur ; 2° avec leurs collègues, résidant sur une
même ligne de chemin de fer ; 3° avec les inspecteurs de police placés sous leurs ordres) ; les ingé-

nieurs, commissaires (*), sous commissaires et autres agents préposés à la surveillance administrative des compagnies de chemins de fer avec le ministre des travaux publics, pour les dépêches relatives aux accidents sur les voies ferrées ; les maires dans les villes où il n'y a pas de sous-préfet, (et seulement avec le préfet et le sous-préfet et le procureur impérial de l'arrondissement).

Les chefs de bureaux ambulants de l'administration des postes, sont admis à transmettre gratuitement par les fils et appareils des compagnies de chemin de fer, les dépêches qui intéressent leur service.

Le préposé des postes à la gare de St-Rambert est également autorisé à requérir le télégraphe de la compagnie du Dauphiné, pour signaler aux directeurs des postes de Grenoble les retards du train-poste de Marseille.

La compagnie d'Orléans est autorisée à expédier en franchise, par ses fils et appareils, les dépêches adressées à l'ingénieur en chef du département de l'Indre, par les conducteurs des ponts et chaussées en résidence à Argenton et relatives à la hauteur des eaux de la Creuse et aux quantités d'eaux tombées dans le bassin de cette rivière. Les dépêches de l'ingénieur en chef devront être visées par le préfet. (*Arrêté du 19 avril 1859.*)

A Paris, le droit à la franchise télégraphique n'appartient qu'aux ministres et à leurs délégués ; cette restriction n'est pas applicable aux dignitaires et officiers de la maison de l'empereur.

Tout fonctionnaire non dénommé à l'article ci-dessus

(*) La franchise télégraphique est accordée aux commissaires de surveillance administrative près les compagnies de chemins de fer pour leur correspondance avec le préfet du département, le procureur impérial du ressort, et l'ingénieur en chef du contrôle, en cas d'accident suivi de mort ou de blessures graves. (*Arrêté ministériel du 14 février 1860.*)

ne peut requérir, la transmission gratuite d'une dépêche concernant son administration, si cette dépêche n'est préalablement revêtue du visa de l'autorité dont il relève.

L'ordre de répondre par télégraphe équivaut au visa.

Les dépêches des officiers de gendarmerie peuvent être visées indistinctement par l'autorité militaire civile ou judiciaire.

Nul ne peut viser une dépêche s'il n'est autorisé lui-même à correspondre en franchise.

L'abus du droit de franchise télégraphique dans un intérêt privé donne lieu à une répétition de taxe conformément aux tarifs en vigueur. (*Arrêté ministériel du 19 avril 1859.*)

Les ingénieurs et agents des ponts et chaussées de tous grades sont autorisés à requérir directement de l'administration des lignes télégraphiques la transmission gratuite de leurs dépêches relatives aux crues des cours d'eau, et échangées , soit entre eux, soit avec MM. les préfets, sous-préfets et maires, dans l'étendue du bassin fluvial où leur résidence est fixée.

La franchise télégraphique est également accordée, tant sur les lignes françaises, que sur les lignes suisses à M. l'ingénieur en chef chargé du service du Rhône, pour la correspondance de même nature, qu'il pourra avoir à échanger avec M. le directeur de l'observatoire de Genève. (*Arrêté ministériel du 9 décembre 1859.*)

GARDE MAGASIN. Les gardes magasin de l'administration des lignes télégraphiques, sont nommés par le directeur général. Leur nombre est déterminé par les besoins du service.

Ils ne forment qu'une classe aux appointements de 3,000 francs par an.

Cet emploi constitue un service spécial et ne peut être assimilé avec aucun autre grade de l'administration.

**IDENTITÉ.** L'administration peut toujours exiger que l'expéditeur d'une dépêche établisse son identité. (*Loi du 3 juillet 1861.*)

Toute personne qui a justifié de son identité a la faculté d'apposer sa signature en double sur un registre spécial ouvert au bureau télégraphique. La partie du feuillet contenant le double de la signature est détachée du registre et remise au signataire pour être représentée par lui ou son mandataire en même temps que la dépêche qu'il voudrait faire expédier. (*Décret du 17 juin 1852*, article 4.) Et la sincérité de cette signature peut être constatée par le visa des autorités compétentes. (*Id.*, article 5.)

**INDEMNITÉ.** Voyez Lignes télégraphiques aériennes.

**INFIRMITÉS TEMPORAIRES.** Voyez Organisation administrative, Congés, Certificat de maladie.

**INSPECTEUR DÉPARTEMENTAL.** L'inspecteur départemental est un fonctionnaire nommé par le ministre de l'intérieur sur la présentation du directeur général de l'administration des lignes télégraphiques.

Les inspecteurs forment quatre classes. La première ne peut comprendre plus de $1/10^{me}$, la deuxième, plus de $2/10^{mes}$, la troisième plus de $3/10^{mes}$ du nombre total des fonctionnaires de ce grade.

Les traitements des inspecteurs sont ainsi fixés : Première classe 8,000 francs. Deuxième classe 7,000 francs. Troisième classe 6,000 francs. Quatrième classe 5,000 francs.

L'uniforme des inspecteurs est réglé ainsi qu'il suit : Broderie au collet, parments et taille bouquet de poche baguette autour de l'habit. (Voyez *Décret du 20 janvier 1862*, page 85.)

L'inspecteur est le chef du service télégraphique dans le département; il correspond seul avec le directeur général et les diverses autorités. Il dirige les travaux d'établissement, d'entretien des lignes et des bureaux, contrôle le service de la transmission des dépêches et celui de la perception des taxes, et pourvoit au paiement des dépenses de toute nature. (*Règlement ministériel du 15 août 1862*, article 1er.)

L'inspecteur recueille dans un dossier personnel à chaque fonctionnaire ou agent, toutes les notes qu'il reçoit ou qu'il donne sur le service, le degré d'aptitude, l'instruction, la moralité, la conduite ou la tenue de chacun. Il tient, en outre, les livrets personnels des services conformément aux instructions. Lorsqu'un de ces fonctionnaires, employés ou agents, passe d'une inspection dans une autre, l'inspecteur transmet à son collègue, le dossier des notes et le livret des services.

Chaque année, l'inspecteur fait établir les feuilles d'inspection générale et après y avoir consigné son avis personnel, les envoie à l'inspecteur général sur la demande qui lui en est adressée. (*Même règlement*, article 3.)

L'inspecteur transmet au directeur général avec son avis motivé toute demande ou proposition d'avancement, de permutation d'admission à la retraite, de démission et de révocation. (*Ibid.*, article 4.)

Il peut accorder des congés aux fonctionnaires et agents de son département sous les conditions :

1° Que ces congés n'excèderont pas pour les fonctionnaires employés ou agents cinq jours, consécutifs ou non, pendant le cours de la même année (du 1er janvier au 31 décembre.)

2º Qu'il ne sera pas nécessaire de pourvoir à son remplacement.

3º Que les absences seront motivées par une maladie dûment constatée, ou par des causes d'une urgence telle qu'il ne sera pas possible sans inconvénient d'en référer préalablement au directeur général et d'attendre sa décision.

Si la somme des congés obtenus ou demandés par le même fonctionnaire employé ou agent, excède 5 jours, ou s'il y a lieu de le remplacer, la demande d'autorisation d'absence doit être adressée au directeur général par la poste, et accompagnée de l'avis de l'inspecteur. Toutefois, en cas d'urgence, l'inspecteur doit pourvoir sur-le-champ au moyen du personnel de son département, à un remplacement nécessité par un cas de force majeure. Il en rend compte immédiatement au directeur général. (*Id.*, article 5.)

L'inspecteur peut infliger à tous les agents et employés placés sous ses ordres, et d'un grade *inférieur* à celui de chef de station, une ou plusieurs retenues de traitement, n'excédant pas quatre jours dans le même mois. Il fait connaître tous les mois au directeur général, conformément aux instructions, les congés accordés et les punitions infligées. (*Id.*, article 6.)

L'inspecteur gère, conformément aux instructions réglementaires, la comptabilité du matériel et celle des fonds. (*Id.*, article 7.)

Il assure l'approvisionnement en matériel et imprimés des stations, du magasin principal et des dépôts de son département. (*Id.*, article 8.)

Il étudie et établit tous les projets et devis concernant les travaux neufs ou d'entretien. Il les adresse en temps utile à l'administration. Il assure ensuite dans la limite des crédits accordés, l'exécution des travaux. (*Id.*, article 10.)

Il reçoit du directeur de transmission et des chefs de station, les procès-verbaux, les rapports, et toutes les pièces relatives aux transmissions. Il les adresse au directeur général dans les délais prescrits par les instructions avec un rapport indiquant les faits qui ressortent de leur examen. Il reçoit aussi les différentes pièces de comptabilité et les fait parvenir au directeur général après en avoir vérifié l'exactitude et avoir constaté cet examen par l'apposition de sa signature et des mentions convenables. (*Id.*, article 10.)

En cas de dérangement, l'inspecteur prend immédiatement toutes les mesures qu'exige le rétablissement, au moins provisoire, mais aussi prompt que possible, des communications. Si une interruption totale ou partielle se prolonge au delà de douze heures, il se transporte sur la ligne, et s'y constitue en permanence jusqu'à ce que le dérangement soit réparé et que tous les fils soient mis en état de fonctionner. Les inspecteurs d'une même ligne se concertent au besoin pour assurer les communications ; ils sont solidairement responsables des dérangements qui se produisent sur l'étendue de leur parcours. L'inspecteur a la faculté de faire lui-même, ou d'ordonner dans les stations correspondantes, les plus rapprochées de son département, toutes les expériences qu'il juge utiles au contrôle et aux réparations de ces lignes. Il autorise directement toutes les dépenses nécessaires pour rétablir les communications et rend compte au directeur général dans un rapport détaillé de la durée de l'interruption, de ses causes, des expériences faites, des mesures prises et de la manière dont tous les fonctionnaires, employés et agents ont rempli leur devoir. (*Id.*, article 11.)

Dans le courant de chaque trimestre, l'inspecteur visite, au moins deux fois, toutes les stations de l'état, situées sur chemin de fer, et au moins une fois toutes celles qui sont établies sur route ; il examine et est tenu de viser tous les registres, livres d'ordres et carnets réglementaires. Il arrête *ne varietur* tous les livres de comptabilité en deniers et en matières, et vérifie les restes en caisse et en magasin. Il s'assure du classement et de la tenue des archives des stations. Le résultat de cette vérification est consigné sur un procès-verbal d'inspection, rédigé sur les lieux et transmis immédiatement au directeur général. (*Id.*, article 12.)

Il visite, au moins une fois par semestre, toutes les stations des compagnies, qui font un service télégraphique. Il examine et vise toutes les écritures tenues en exécution des règlements. Il rend compte au directeur général du résultat de son inspection. (*Id.*, article 13.)

Au moins une fois par trimestre, il visite les lignes de son département ; il voit chaque surveillant, inspecte son service, son équipement et son dépôt de matériel, vise ses livres et carnets. Il fait des tournées à pied, selon les besoins du service. (*Id.*, article 14.)

Dans la première quinzaine de chaque trimestre, l'inspecteur adresse au directeur général le journal des différentes tournées qu'il a faites dans le trimestre précédent. (*Id.*, article 15.)

Les inspecteurs départementaux n'ont pas droit aux frais de route et de séjour pour les tournées périodiques, ou relatives aux travaux dans le ressort de leur circonscription. Des indemnités spéciales fixées par arrêté ministériel, leur sont attribuées. (*Décret du 20 janvier 1862.*) Voyez Franchise postale, Organisation administrative, Frais de route et de séjour.

En cas d'absence ou empêchement, l'inspecteur est remplacé de droit par le sous-inspecteur ou par le directeur de transmission, dans le département où il n'y a pas de soûs-inspecteur. (*Règlement ministériel du 15 août 1863,* article 16.)

INSPECTEUR GÉNÉRAL. Les inspecteurs généraux sont nommés par le ministre de l'intérieur, sur la présentation du directeur général de l'administration des lignes télégraphiques.

Ils ne forment qu'une classe et leur traitement annuel est fixé à 10,000 francs.

Le personnel des inspecteurs généraux se compose de dix titulaires. Les peines disciplinaires prévues par les règlements ne peuvent leur être appliquées que par le ministre de l'intérieur. Il en est de même de la retenue à exercer sur le traitement de ces fonctionnaires. Comme mesure de discipline elle ne peut être opérée qu'en vertu d'un ordre ministériel, et ne doit pas excéder 15 jours. (*Décret du 20 janvier 1862,* articles 4, 5, 11.)

Les inspecteurs généraux sont de droit membres de la commission consultative, et en cas d'absence ou d'empêchement motivé du directeur général, la présidence est dévolue au plus ancien inspecteur général. (*Même décret,* article 13.) Voyez COMMISSION CONSULTATIVE.

L'uniforme des inspecteurs généraux est réglé ainsi qu'il suit : Habit en drap bleu de roi, collet et parements en drap bleu flore, broderies en argent du même dessin que celles des ingénieurs des ponts et chaussées. Gilet blanc. Pantalon bleu ou blanc avec bande d'argent. Chapeau français à plumes noires. Epée à poignée de nacre, garde argentée. Boutons en argent à l'aigle, avec l'exergue : *Lignes télégraphiques.* Broderies au collet, parements et taille, bouquet de poches, baguette et bords courant autour de l'habit. (*Arrêté ministériel du 9 juillet 1862.*)

INTERRUPTION DES COMMUNICATIONS. Voyez INS-

PECTEUR DÉPARTEMENTAL, DÉRANGEMENTS, EMPLOYÉ, CONTRAVENTIONS.

JOURNAL DES TOURNÉES TRIMESTRIELLES. Voyez LIGNES TÉLÉGRAPHIQUES ÉLECTRIQUES.

JOURNAUX A SOUCHE. 1° *Journaux à souche, modèle A*. Ce journal encore employé dans les stations secondaires ne contient qu'une quittance par page. On en replie avec soin sur elles-mêmes les feuilles de titre et de clôture, dont les indications doivent être remplies régulièrement lors des mutations des comptables et généralement quand le journal est mis en service ou retiré. On doit apporter la plus grande attention au numérotage de la souche des journaux, des récépissés et des dépêches originales ; il ne faut surtout jamais perdre de vue ce principe que « le dernier numéro, inscrit à la souche du journal A d'une station, doit indiquer le nombre exact des dépêches déposées à cette station depuis le 1er janvier, et ayant donné lieu à l'application d'une taxe, soit perçue, soit à recouvrer. » La concordance de ce numéro avec le total des dépêches au carnet D et à son relevé, fournit à la station et à l'administration centrale, un contrôle sûr. (*Circulaire* n° 214.)

Les journaux à souche sont remis aux chefs de station comptables par l'inspecteur de la circonscription. La demande d'un registre nouveau doit être faite à l'inspecteur un mois à l'avance. L'inspecteur fera adopter avec soin, au commencement et à la fin de chaque registre mis en service, une feuille imprimée de tête et une feuille de clôture. Chaque journal à souche sera paraphé par premier et dernier feuillet et portera sur la feuille de tête la date de la remise, le nom du comptable et celui de la station, ainsi que la signature du fonctionnaire qui l'aura délivré. (*Circulaire* n° 158.)

Toute dépêche taxée reçoit un numéro dans l'ordre des dépêches taxées depuis le 1er janvier (*Circulaire* n° 1.)

Les numéros simples des quittances au livre à souche ne seront affectés qu'aux dépêches déposées dans la station. On donnera les numéros, *bis*, *ter* etc., aux récépissés qui seraient détachés pour complément de taxe et autres frais, de manière à fournir, par le numéro de la dernière dépêche déposée dans l'année, le chiffre réel des dépêches de départ. Les réponses payées prendront le numéro *bis* à la station d'encaissement et le numéro réel à la station de départ. (*Circulaire* n° 148.)

Une dépêche adressée à plusieurs personnes dans une même localité ne recevra qu'un seul numéro. Une dépêche qui devra être communiquée par plusieurs stations télégraphiques recevra, au contraire, autant de numéros qu'il y aura de stations destinataires, chaque numéro et la taxe partielle correspondante donnant lieu à l'emploi d'une case au journal à souche. L'avertissement transmis sur la demande de l'expéditeur, pour retirer ou annuler une dépêche, recevra le numéro *bis* de cette dépêche. Les arrhes versées pour une dépêche de nuit annoncée seront inscrites au journal à souche sous un numéro qui deviendra celui de la dépêche lorsqu'elle sera présentée. Si la dépêche donne lieu à une perception complémentaire, ce complément sera inscrit sous le numéro *bis*.

Lorsque le collationnement d'une dépêche sera demandé par le destinataire, la taxe perçue une seconde fois ne prendra pas de numéro au journal à souche sur lequel elle sera inscrite; il en est de même du droit perçu lorsqu'on délivrera une copie de dépêche sur la demande du destinataire de cette dépêche. On observera cette règle d'une manière générale pour les recettes accessoires faites aux points de destination.

Lorsque l'administration prescrira de recouvrer un complément de taxe, ou lorsque le chef de station reconnaîtra lui-même une erreur qu'il aura faite, les opérations seront régularisées comme il suit :

1° Si l'expéditeur consent à payer la différence entre la taxe due et celle qui lui a été demandée, il lui sera délivré une quittance complémentaire portant le numéro *bis* de la dépêche ;

2° Si l'expéditeur est étranger ou absent, ou s'il se refuse à payer, le chef de station se chargera en recette de la différence qu'il aurait fallu percevoir, et il détachera une quittance à son nom sous le numéro *bis* de la dépêche.

Chaque déclaration inscrite au journal à souche doit indiquer en toutes lettres la somme versée et porter la signature de l'expéditeur ou de son mandataire suivie de l'indication du domicile de cet expéditeur. (*Circulaire* n° 158.)

Aucune recette faite, soit par les employés détachés dans les gares, soit par les agents des compagnies de chemins de fer, soit par les concessionnaires de lignes télégraphiques, ne doit être inscrite sur les journaux à souche, non plus que versée dans les caisses des stations télégraphiques de l'Etat ou des stations mixtes. (*Circulaire* n° 148.) Voyez QUITTANCES.

Les journaux terminés sont conservés dans les stations pendant une année à partir de la date de leur clôture et après avoir été mis sous bandes croisées et cachetées, ils sont dirigés sur l'administration centrale par les soins des inspecteurs, conformément aux règles adoptées pour les expéditions de matériel, lesquels informent de cet envoi, par lettres spéciales, le bureau de la vérification des taxes. Lorsque, dans un cas spécial, l'administration demande que des journaux non reliés lui soient envoyés en communication, on les met à la poste sous enveloppe à l'adresse du bureau ci-dessus désigné, en ayant soin d'adresser isolément une lettre d'envoi. (*Circulaire* n° 158.)

2° *Journal à souche du dépôt des dépêches payées.* — Ce journal sert à l'enregistrement immédiat, sans lacune des dépêches payées déposées au bureau. Il comprend 1,000 récépissés numérotés d'avance comme les souches correspondantes.

Il est ouvert, dans chaque bureau télégraphique autant de séries alphabétiques de journaux à souche de dépôt, modèles A, I, qu'il y a de guichets ou comptoirs affectés au dépôt des dépêches à transmettre. Dans les bureaux importants, il convient d'affecter spécialement un dépôt et un journal, modèles A, I, au dépôt et à l'enregistrement des dépêches internationales. On doit distinguer de préférence pour cette série, un employé exercé à l'application des taxes. Le nom du bureau, la lettre de série et l'indication du jour de dépôt doivent être apposés sur le journal à souche au moyen d'un timbre humide à caractères mobiles fourni par l'administration. (*Circulaire* n° 332.) Voyez CALCUL DES DÉPÊCHES.

LIGNES NON AUTORISÉES (DESTRUCTION DES). Voyez LIGNES TÉLÉGRAPHIQUES ÉLECTRIQUES.

LIGNES SOUS-MARINES DIRECTES. Voyez TAXE.

LIGNES TÉLÉGRAPHIQUES AÉRIENNES. Lorsque, sur une ligne de télégraphie aérienne déjà établie, la transmission des signaux sera empêchée ou gênée, soit par des arbres, soit par l'interposition d'un objet quelconque placé à demeure, mais susceptible d'être déplacé, un arrêté du préfet prescrira les mesures nécessaires pour faire disparaître l'obstacle, à la charge de payer l'indemnité, qui sera fixée par le juge de paix. Cette indemnité sera consignée préalablement à l'exécution de l'arrêté du préfet. Si l'objet est mobile et n'est point placé à demeure, un arrêté du maire suffira pour en ordonner l'enlèvement. (*Décret du 27 décembre 1851, article 9.*)

Les lignes de télégraphes aériens sont composées de postes à une distance moyenne d'environ 8 kilomètres, et établis de manière à ce que le rayon visuel, qui va de l'un à l'autre, ne soit arrêté par aucun obstacle. Cette condition assure un bon service, tant qu'elle est remplie, et elle l'est toujours quand on construit une ligne. Mais, avec le temps, plusieurs obstacles peuvent s'interposer et entraver ou même empêcher le passage des signaux.

Le décret distingue trois espèces d'obstacles : les constructions d'une nature permanente et non susceptibles d'être déplacées ; les arbres et les objets placés à demeure, mais susceptibles d'être déplacés ; les objets mobiles.

Les premiers ne pourraient disparaître qu'en employant la voie ordinaire de l'expropriation pour cause d'utilité publique, et il sera, en général, de beaucoup préférable de déplacer les postes télégraphiques.

Les objets placés à demeure, mais susceptibles d'être déplacés, qui pourraient faire obstacle à la visibilité des postes aériens, sont : les fours à briques, les hangars, les abris pour bestiaux, les mâts pour signaux, et enfin toutes les constructions légères qui peuvent être déplacées sans détérioration réelle et sans priver le propriétaire ou le fermier du service qu'il en retirait.

Les objets mobiles pouvant être déplacés sur les arrêtés des maires, sont : les meules à foin, les tas de gerbes, les voitures stationnant, tous les obstacles interposés par des individus qui ne sont ni propriétaires, ni fermiers.

Lorsqu'il y aura lieu de faire disparaître un des obstacles placés dans la seconde catégorie, un rapport de l'inspecteur du télégraphe, adressé au préfet, indiquera le lieu où existe l'obstacle et les circonstances qui le rendent nuisible, et fera connaître les efforts tentés pour obtenir du propriétaire qu'il consente à le faire disparaître. Sur ce rapport, le préfet fera, s'il y a lieu, sommer immédiatement le propriétaire de l'objet formant obstacle d'en opérer le déplacement, ou d'en faire l'élagage, s'il s'agit d'un arbre. Sur le refus de la partie intéressée, le préfet prescrira, par un arrêté, les mesures nécessaires pour faire disparaître l'obstacle. L'inspecteur des lignes télégraphiques ou un agent de ce service pourra être chargé de l'exécution de l'arrêté qui réservera toujours le payement préalable de l'indemnité.

Le déplacement des objets mobiles pourra être demandé par les stationnaires des postes dont la visibilité est compromise. Ils feront une réquisition au maire, qui statuera s'il y a lieu. Si le maire se refusait à ordonner l'enlèvement d'un objet mobile faisant obstacle, le recours aurait lieu devant le sous-préfet, qui prescrirait ce que de droit.

Toutes les fois qu'il y aura lieu à indemnité, elle sera consignée préalablement à l'exécution de l'arrêté du préfet. Des offres réelles seront faites, par l'inspecteur des lignes télégraphiques, à la partie intéressée, qui sera d'ailleurs mise en demeure de formuler ses prétentions dans un certain délai. Sa réponse fixera la question du litige et déterminera le premier ou le dernier ressort. (*Circulaire du 25 novembre 1852.*)

Lorsqu'il s'agira de planter des arbres sur une route sur laquelle une communication électrique aura déjà été établie, les ingénieurs des ponts et chaussées se concerteront au préalable avec l'inspecteur des lignes télégraphiques, sur l'emplacement à donner aux plantations.

Lorsqu'il s'agira au contraire d'établir une communication électrique sur une route impériale ou départementale, *plantée ou non plantée*, les agents des lignes télégraphiques s'entendront d'abord avec les ingénieurs des ponts et chaussées sur l'emplacement de la ligne télégraphique.

En cas de désaccord, dans l'une ou l'autre hypothèse, les agents des deux services en rendront compte respectivement à leur administration, pour qu'il soit statué sur le différend. (*Circulaire ministérielle des travaux publics du 22 décembre 1856.*)

**LIGNES TÉLÉGRAPHIQUES ÉLECTRIQUES** (ÉTABLISSEMENT ET USAGE DES). Aucune ligne télégraphique ne peut être établie ou employée à la transmission des correspondances que par le gouvernement, ou avec son autorisation. (*Décret du 27 décembre 1851*, article 1er.)

Quand une demande d'autorisation pour l'établissement d'une transmission de signaux télégraphiques d'un lieu à un autre lieu est adressée à un préfet, ce fonctionnaire doit distinguer trois cas.

Lorsqu'il s'agira de demandes se rapportant à l'établissement de signaux télégraphiques, soit dans une même usine, soit entre deux localités situées dans le même canton, l'autorisation pourra être accordée par un arrêté du préfet, après une enquête sommaire, faite par le maire du principal lieu où la ligne doit être établie et sur un rapport du sous-préfet. Il sera donné connaissance au ministre de l'intérieur des autorisations accordées. (*Circulaire du 25 novembre 1852.*)

Lorsqu'un préfet juge qu'il y a lieu d'accueillir favorablement une demande tendant à autoriser l'établissement d'un télégraphe électrique d'un lieu à un autre dans le même canton, il doit réserver à l'état le droit :

1º De placer les fils, sans indemnité, sur les supports des lignes autorisées;

2º De faire contrôler par les agents, s'il le juge nécessaire, les dépêches transmises, les moyens de contrôle, restant d'ailleurs à la charge des concessionnaires;

3º De suspendre et au besoin de supprimer, sans indemnité aucune, les autorisations accordées. Les arrêtés préfectoraux devront en outre spécifier nettement que les télégraphes, ne pourront jamais servir qu'à la transmission de dépêches, concernant uniquement les intérêts que, d'après les demandes en autorisation, ils ont pour but de desservir. (*Circulaire du 7 décembre 1859.*)

Ces réserves dont il est nécessaire de conserver mention, n'ont pas cependant paru suffisantes à l'administration centrale ainsi qu'il résulte d'une circulaire ministérielle du 25 juillet 1862 dont nous extrayons ce qui suit. En raison des développements qu'a reçus le réseau télégraphique, il devient nécessaire de modifier les conditions fixées par la circulaire du 7 décembre 1859. A mesure que l'action directe de l'administration télégraphique atteint des localités moins importantes, il convient de faire avec plus de réserve les concessions privées. Les droits du trésor seraient lésés si un particulier obtenait la faculté d'établir une communication spéciale, quand les intérêts pour lesquels il demande cette faveur peuvent être desservis par un bureau télégraphique de l'état. Enfin il importe que le ministre des finances donne son avis, sur la convenance qu'il peut y avoir à soumettre ces concessions à une taxe d'abonnement.

Cette question ne pouvant pas encore être réglementée par des dispositions générales, l'administration centrale devra être informée de toutes les demandes tendant à obtenir l'autorisation d'établir des télégraphes privés afin qu'elle puisse faire connaître son appréciation dans *chaque cas particulier* et les préfets sont en conséquence invités à communiquer au ministre de l'intérieur toutes les demandes de cette nature qui leur seront adressées.

Lorsque la demande aura pour but l'établissement d'une ligne s'étendant sur plusieurs cantons, dans le même département, l'enquête sera instituée par le préfet, qui prendra aussi, s'il y a lieu, l'avis soit de la chambre de commerce, soit des sous-préfets. Dans tous les cas, l'autorisation sera accordée par un arrêté du ministre de l'intérieur, après délibération du conseil d'administration des lignes télégraphiques.

Quand la ligne devra s'étendre sur plusieurs départements, la demande d'autorisation sera envoyée au ministre de l'intérieur.

*Répression des transmissions télégraphiques non autorisées.* — Quiconque transmettra sans autorisation des signaux d'un lieu à un autre, soit à l'aide de machines télégraphiques, soit par tout autre moyen, sera puni d'un emprisonnement d'un mois à un an, et d'une amende de 1,000 à 10,000 francs. (*Décret du 27 décembre 1851*, article 1er.)

La prohibition comprend toutes les transmissions de signaux, quels que soient les moyens employés pour les faire passer d'un lieu à un autre, et quelque innocentes que soient ces transmissions. Mais ce serait faire une application trop rigoureuse de la loi que d'en user pour empêcher ceux des signaux qui sont entrés dans la vie habituelle et qui facilitent soit des travaux des champs, soit des opérations de l'industrie. Ce qu'il faut atteindre, ce sont les établissements ayant pour objet des transmissions offrant un caractère de continuité et formant correspondance.

Les principaux moyens de correspondre à grandes distances se rapportent à des procédés soit électriques, soit acoustiques, soit optiques.

Les procédés électriques ou acoustiques entraînant soit la continuité de la ligne, soit l'emploi de sons d'une assez grande intensité, seront assez facilement découverts.

Les procédés optiques se diversifiant de différentes manières, seront plus aisément dissimulés. On peut se servir de feux pendant la nuit; dans le jour de pavillons, de globes, de bandes de toiles déployées. Quelquefois même les signaux sont formés par des hommes plaçant, à droite ou à gauche de leur corps, un objet d'une couleur voyante. Mais, comme dans tous les cas de télégraphes optiques, il faut nécessairement que les signaux soient placés sur une ligne de points culminants, on pourra, toutes les fois qu'on aura lieu de croire qu'une correspondance clandestine est établie dans une certaine direction, faire explorer les lignes transversales des hauteurs, et l'on arrivera assez rapidement à s'assurer s'il y a des transmissions illicites. (*Instruction du 25 novembre 1852.*)

*Destruction des lignes non autorisées.* — Le décret réglementaire du 27 décembre 1851, article 1er, spécifie qu'en cas de condamnation pour fait de transmissions illicites par voie télégraphique, le gouvernement peut ordonner la destruction des machines et appareils.

Quand il sera intervenu un jugement condamnant les individus qui auraient transmis des signaux d'un lieu à un autre, le préfet du département où sera situé le tribunal qui aura statué fera procéder à une enquête pour savoir s'il y a lieu d'ordonner la destruction des appareils télégraphiques. Il adressera sur les résultats de l'enquête un rapport au ministre de l'intérieur qui prononcera. (*Circulaire du 25 novembre 1852.*)

**LIVRE D'ORDRE DES STATIONS.** Voyez DIREC-
TEURS DE TRANSMISSIONS.

**LIVRETS DE CONTROLE.** Voyez SURVEILLANCE
ET ENTRETIEN DES LIGNES.

**LOGEMENT PARTICULIER.** Le chef de station a
droit au logement particulier. Ce logement situé
dans le corps de bâtiment affecté au service est en-
tretenu par ses soins et à ses frais. Lorsqu'il quitte
la résidence, il doit le livrer en bon état à son successeur et prendre équitablement à sa charge sa part
des réparations qu'un manque d'entretien peut avoir
rendu nécessaires. Il doit à cet effet être dressé un
état des lieux au moment où un chef de station vient
s'installer. Un procès-verbal constatant que le local
a été remis dans de bonnes conditions est dressé et
signé par l'inspecteur départemental et les deux chefs
de station. (*Circulaire* 188 et 205.)

**MAIRE.** Voyez LIGNES TÉLÉGRAPHIQUES ÉLECTRIQUES.

**MALADIE.** Voyez ORGANISATION ADMINISTRATIVE,
CERTIFICATS DE MALADIE.

**MANDATS POSTE OU ARTICLES D'ARGENT.**
Voyez FRANCHISE POSTALE.

**MATÉRIEL.** Des mandats directs sont délivrés pour
le payement de toutes les dépenses du matériel des
lignes télégraphiques rentrant dans l'une des catégories suivantes, savoir :
1º Abonnements et indemnités fixes pour frais de
bureau, habillement de piétons, etc.
2º Loyers de toute nature ;
3º Dépenses faites en vertu d'un marché ou sou-

mises au règlement d'un architecte ou vérificateur patenté ;

4° Dépenses prévues et faites par suite de conventions verbales.

Il résulte de cette mesure que les avances à faire aux inspecteurs des lignes télégraphiques ne doivent plus s'appliquer qu'aux dépenses de peu d'importance effectuées en régie et qu'aux travaux accidentels d'entretien.

Ces avances ainsi limitées seront délivrées au chef-lieu du département, où réside l'inspecteur, quel que soit le lieu où les dépenses seraient faites, tandis que les dépenses à mandater directement continuent à être classées par département. Cette disposition a pour effet d'éviter aux inspecteurs des complications contraires à la précision et à la promptitude de leurs opérations, car il arrivait souvent que, par suite de la difficulté de faire concorder exactement les fonds mis à la disposition de ces inspecteurs dans plusieurs départements avec les besoins du service, des sommes restaient sans emploi dans certains départements, tandis que, dans d'autres, les crédits délégués se trouvaient insuffisants.

Cette dérogation au principe établi du payement des dépenses par département est tout exceptionnelle, et c'est uniquement en considération des nécessités du service télégraphique que M. le ministre des finances a adhéré à la centralisation dans le département où réside l'inspecteur, de certaines natures de dépenses faites dans les départements dépendant de son inspection. Il est donc important de restreindre le plus possible l'application de ce nouveau mode. Du reste, la substitution du système des mandats directs à celui des payements par voie d'avances, pour la plupart des dépenses du matériel des lignes, ne modifiera en rien les règles gé-

nérales de comptabilité actuellement en vigueur pour
ce service. Les préfets devront donc justifier,
dans la forme ordinaire, de l'emploi des fonds délivrés aux inspecteurs à titre d'avances, et fournir au
payeur du département les pièces justificatives
exigées par les règlements antérieurs pour les dépenses à mandater directement. (*Circulaire ministérielle du 1er février 1859.*)

MATIÈRES DE L'EXAMEN. Voyez SURNUMÉRA-
RIAT, ADMISSION DES CANDIDATS, EXAMEN DES CANDI-
DATS A L'EMPLOI DE CHEF SURVEILLANT.

MOBILIER DU BUREAU. Voyez DIRECTEURS DES
TRANSMISSIONS.

NETTOYAGE DES SUPPORTS. Voyez SURVEIL-
LANCE ET ENTRETIEN DES LIGNES.

OBSTACLES A DEMEURE, MAIS SUSCEPTIBLES D'ÊTRE
DÉPLACÉS. Voyez LIGNES TÉLÉGRAPHIQUES AÉRIENNES.

OBSTACLES D'UNE NATURE PERMANENTE. Voyez
LIGNES TÉLÉGRAPHIQUES AÉRIENNES.

OBSTACLES MOBILES. Voyez LIGNES TÉLÉGRA-
PHIQUES AÉRIENNES.

OFFRES RÉELLES. Voyez LIGNES TÉLÉGRAPHI-
QUES AÉRIENNES.

ORDRE DE SERVICE. Voyez SURVEILLANCE ET
ENTRETIEN DES LIGNES.

ORDRE D'INSCRIPTION. Voyez DÉPÊCHES.

**ORDRE DE TRANSMISSION.** Voyez Dépêches.

**ORGANISATION ADMINISTRATIVE.** Le réseau télégraphique s'étend actuellement sur toute la France. Les chefs-lieux d'arrondissement et un grand nombre de chefs-lieux de canton sont reliés à leurs préfectures, plus de 600 gares de chemins de fer ont également un service télégraphique. Cette importance du réseau et le nombre toujours croissant des transmissions de la télégraphie privée ont engagé le ministre de l'intérieur à soumettre à l'Empereur un rapport ayant pour objet d'adopter pour les lignes télégraphiques l'organisation du service par département.

Ce système d'organisation, dit le ministre permettra d'établir dans tous les chefs-lieux de préfecture, qui sont en même temps les stations télégraphiques les plus considérables de l'empire, des bureaux de dépôt sans lesquels il serait difficile de régler d'une manière satisfaisante le service des transmissions, et de placer dans les stations secondaires des appareils d'une manipulation facile, pour lesquels il n'est pas besoin d'employés spéciaux et exercés.

Cette mesure ne sera pas moins favorable à la prompte expédition des affaires, en rapprochant les chefs du service télégraphique des autorités avec lesquelles ils correspondent. Dans ce but il était nécessaire de substituer aux directeurs divisionnaires les inspecteurs résidant au chef-lieu de chaque département.

L'importance du travail sur un certain nombre de points exige que ces inspecteurs soient assistés par des sous-inspecteurs, qui pourront, en outre, gérer provisoirement les départements où le service n'a pas encore pris un développement suffisant pour nécessiter la présence d'un fonctionnaire d'un grade élevé.

Afin de rendre le contrôle des inspecteurs généraux plus réel et plus permanent, des circonscriptions déterminées ont été créées.

Ces diverses modifications qui simplifient et améliorent le service sans augmentation de dépenses ont été approuvées par l'empereur qui les a rendues exécutoires par un décret du 20 janvier 1862 ; ainsi conçu :

Le personnel de l'administration des lignes télégraphiques se compose de :

1 directeur général.
10 Inspecteurs généraux.
92 inspecteurs départementaux.
40 sous-inspecteurs.
92 directeurs de transmissions.

Chefs de station
Commis principaux
Traducteurs
Gardes-magasins
Employés
Surnuméraires
Chefs surveillants
Surveillants
Facteurs

En nombre suffisant pour les besoins du service.

Il ne sera nommé de directeurs que dans les départements où l'extension du service télégraphique les rendra nécessaires.

Ce personnel pourra comprendre, en outre, des élèves de l'Ecole polytechnique, pris à leur sortie de l'Ecole, et qui auront été reconnus admissibles dans les services publics.

Ces élèves, dont le nombre ne dépassera pas deux par année, pourront être nommés chefs de station de deuxième classe, après un stage de deux ans au moins.

Les élèves inspecteurs actuels seront nommés directeurs de deuxième classe lorsqu'ils compteront au moins trois ans de services. (*Décret du 30 janvier 1862*, article 1er.)

Les employés des bureaux de l'administration centrale seront, à l'avenir, choisis exclusivement dans le cadre des fonctionnaires et agents du service extérieur, dont ils ne cesseront pas de faire partie. L'assimilation des grades des employés actuels de ces bureaux avec ceux du service actif sera ultérieurement réglé par un arrêté du ministre de l'intérieur.

Un arrêté de notre ministre de l'intérieur réglera l'assimilation des grades des employés actuels de ces bureaux avec ceux du service actif.

Toutefois, les emplois de traducteur et de garde-magasin constitueront deux services spéciaux, non susceptibles d'assimilation avec les autres grades de l'administration.

Les receveurs, dont l'emploi est supprimé, pourront, exceptionnellement, continuer à exercer leurs fonctions; leur traitement restera fixé conformément aux dispositions de notre décret du 29 novembre 1858. (*Même décret*, article 2.)

Le directeur général relève de l'autorité immédiate du ministre, avec lequel il travaille directement. Il reçoit et ouvre la correspondance. Il règle le service, correspond avec les diverses autorités, et prend toutes les mesures d'exécution nécessaires. (*Même décret*, article 3.)

Les attributions des autres agents et fonctionnaires de l'administration des lignes télégraphiques seront réglées par arrêtés de notre ministre de l'intérieur. (*Règlement ministériel du 15 août 1862.*) Voyez INSPECTEURS DÉPARTEMENTAUX, SOUS-INSPECTEURS, DIRECTEURS DE TRANSMISSIONS, CHEFS DE STATION, COMMIS PRINCIPAUX, EMPLOYÉS, CHEFS SURVEILLANTS, ET SURVEILLANTS, FACTEURS.

Le directeur général est nommé par l'Empereur.

Les inspecteurs généraux, les inspecteurs départementaux, les sous-inspecteurs et les directeurs sont nommés par le ministre sur la présentation du directeur général.

Les autres agents sont nommés par le directeur général. (*Décret du 20 janvier* 1862, article 4.)

Les inspecteurs généraux ne forment qu'une classe.

Les inspecteurs forment quatre classes.

La première ne pourra comprendre plus de $1/10^e$, la deuxième plus des $2/10^e$, la troisième plus des $3/10^e$ du nombre total des fonctionnaires de ce grade.

Les directeurs de transmissions et les chefs de station sont divisés en deux classes : la première ne pourra comprendre plus des $4/10^{es}$ du nombre total des emplois.

Les sous-inspecteurs, les commis principaux et les gardes-magasins ne forment qu'une classe.

Les traducteurs, les employés, les surveillants et les facteurs sont divisés en trois classes : la première et la deuxième ne pourront dépasser chacune les $3/10^{es}$ du nombre total des employés. (*Même décret,* article 5.)

L'avancement aura lieu hiérarchiquement, de classe en classe et de grade en grade.

Les chefs de station de deuxième classe pourront toutefois être choisis parmi les commis principaux ou les employés de première classe.

Nul ne pourra être appelé à une classe supérieure ou être promu à un nouveau grade, s'il n'a dans la classe immédiatement inférieure, ou dans le grade précédent, au moins le temps de service indiqué ci-après : Deux ans dans chaque classe pour les grades d'employé, de commis principal, de chef de station et de sous-inspecteur ; et un an dans chaque classe pour les grades de directeur de transmissions et d'inspecteur. Néanmoins il pourra être dérogé à ces règles jusqu'à ce que les cadres des inspecteurs soient remplis.

Les employés de troisième classe sont choisis parmi les surnuméraires ayant au moins un an d'exercice et qui ont été nommés par les préfets, à la suite d'un concours dont le directeur général arrête le programme.

Nul ne peut être nommé surnuméraire, s'il a moins de 18 ans révolus et plus de 28 ans.

Les candidats comptant 7 années de services militaires ou dans l'enseignement public pourront être admis jusqu'à 30 ans.

Des employés auxiliaires pourront gérer les bureaux secondaires ou y être attachés; mais ils ne feront pas partie des cadres de l'administration. La liste des bureaux secondaires, les conditions d'admission et le taux des indemnités des employés auxiliaires, enfin les règles de leur service, seront déterminés par arrêté du ministre de l'intérieur.

Les chefs surveillants sont nommés à la suite d'un examen qui constatera leur aptitude.

Les surveillants et les facteurs sont choisis autant que possible parmi les anciens militaires ayant moins de 35 ans. (*Même décret*, article 6.)

Les traitements des fonctionnaires et agents sont fixés ainsi qu'il suit :

| PERSONNEL. | CLASSE unique. | 1re CLASSE | 2e CLASSE | 3e CLASSE | 4e CLASSE |
|---|---|---|---|---|---|
| Directeur général . . . . . . . . | 25,000 | » | » | » | » |
| Inspecteurs généraux . . . . . . | 10,000 | » | » | » | » |
| Inspecteurs . . . . . . . . . . . . | » | 8,000 | 7,000 | 6,000 | 5,000 |
| Sous-inspecteurs . . . . . . . . . | 4,000 | » | » | » | » |
| Directeurs de transmissions . . | » | 3,500 | 3,000 | » | » |
| Chefs de station . . . . . . . . | » | 2,500 | 2,200 | » | » |
| Élèves. . . . . . . . . . . . . . | 1,800 | » | » | » | » |
| Commis principaux . . . . . . . | 2,000 | » | » | » | » |
| Traducteurs. . . . . . . . . . . | » | 3,000 | 2,500 | 2,000 | » |
| Gardes-magasins . . . . . . . . | 3,000 | » | » | » | » |
| Employés . . . . . . . . . . . . | » | 1,800 | 1,600 | 1,400 | » |
| Employés surnuméraires. . . . | » | » | » | » | » |
| Chefs surveillants . . . . . . . . | 1,400 | » | » | » | » |
| Surveillants. . . . . . . . . . . | » | 1,200 | 1,100 | 1,000 | » |
| Facteurs. . . . . . . . . . . . . | » | 1,000 | 900 | 800 | » |

Les frais de route et de séjour seront déterminés par arrêté du ministre de l'intérieur. (Voyez FRAIS DE ROUTE ET DE SÉJOUR.)

Les fonctionnaires et agents du service télégraphique actuellement en fonctions dont les appointements sont supérieurs à ceux que détermine le présent décret, conserveront leurs traitements jusqu'à ce qu'ils soient promus à un grade leur donnant droit à un traitement au moins égal à celui dont ils jouissent aujourd'hui.

Les inspecteurs généraux et départementaux et les sous-inspecteurs n'ont pas droit aux frais de route et de séjour pour les tournées périodiques ou relatives aux travaux dans le ressort de leur circonscription. Des indemnités spéciales qui seront fixées par arrêté ministériel, leur seront attribuées.

Les fonctionnaires et agents qui changent de résidence n'ont pas droit aux frais de route lorsque leur changement a lieu sur leur demande ou par suite d'avancement. (*Même décret*, article 7.)

Les congés des fonctionnaires et agents sont accordés par le directeur général, qui détermine la quotité des retenues à exercer sur les traitements, suivant les dispositions du décret du 9 novembre 1853.

Les fonctionnaires ou agents qui désirent être attachés à des compagnies ou prendre du service à l'étranger peuvent obtenir un congé, dont la durée ne doit pas dépasser cinq ans, et pendant lequel ils ne reçoivent aucun traitement.

A l'expiration de leur congé, ils reprennent, s'il y a lieu, le rang qu'ils occupaient au moment de leur départ et au fur et à mesure des vacances. (*Même décret*, article 8.)

Les fonctionnaires et agents peuvent être mis en disponibilité pour cause de maladie ou d'infirmités temporaires entraînant cessation de travail pendant plus de six mois.

La disponibilité est prononcée par le ministre, sur la proposition du directeur général.

Le fonctionnaire ou agent en disponibilité peut être admis à jouir, pendant deux ans au plus, de la moitié du traitement affecté à son grade.

Les fonctionnaires et agents en disponibilité, en congé ou en retrait d'emploi, ne conservent leurs droits à la retraite qu'à la charge par eux de verser successivement les retenues, imposées par la loi du 9 juin 1853, sur les pensions civiles et calculées sur le montant intégral du traitement d'activité de leür grade. (*Même décret*, article 10.)

*Retraite*. — Il sera pourvu d'office au remplacement des fonctionnaires et agents de tous grades qui compteront 30 ans de service et qui auront accompli leur soixantième année. (*Rapport ministériel approuvé par l'Empereur le 29 janvier* 1862.)

*Peines disciplinaires*. — Les peines disciplinaires applicables aux fonctionnaires et agents de l'administration des télégraphes sont :

L'avertissement.

La réprimande.

La suspension pendant trois mois au plus.

Le retrait d'emploi pendant un an au plus.

La révocation.

La révocation et le retrait d'emploi donnent lieu à la retenue intégrale du traitement.

Ces peines sont appliquées par le ministre aux employés dont la nomination lui est réservée.

Dans tous les autres cas, les peines disciplinaires sont appliquées par le directeur général, qui peut, en outre, exercer, sur le traitement des fonctionnaires autres que les inspecteurs généraux, les inspecteurs, les sous-inspecteurs et les directeurs des transmissions, une retenue qui ne peut excéder quinze jours. (*Décret du* 20 *janvier* 1862, article 11.)

*Cautionnement*. — Les cautionnements à fournir par les fonctionnaires et agents du service télégraphique, pour sûreté de la gestion des fonds et du matériel qui leur sont confiés, sont déterminés par décrets rendus sur la proposition de nos ministres de l'intérieur et des finances. (*Même décret*, article 12.) Voyez page 113 au mot CAUTIONNEMENT.

*Commission consultative*. — Il est institué, près du directeur général de l'administration des lignes télégraphiques, une commission consultative, composée des inspecteurs généraux et d'un secrétaire désigné par le ministre de l'intérieur.

Cette commission sera présidée par le directeur général, et, à son défaut, par le plus ancien inspecteur général ; elle donne son avis sur :

1° Les propositions de dépenses à porter au budget général ;

2° La répartition du crédit alloué au matériel ;

3° Les marchés passés pour le compte de l'administration ;

4° Les retraits d'emploi et révocations ;

5° Et généralement sur toutes les autres affaires qui lui sont déférées par le ministre ou par le directeur général. (*Même décret*, article 13.)

*Uniforme.* — L'uniforme des fonctionnaires et agents des lignes télégraphiques est réglé ainsi qu'il suit :

Habit en drap bleu de roi, collet et parements en drap bleu flore. Broderie en argent du même dessin que celles des ingénieurs des ponts et chaussées. Gilet blanc. Pantalon bleu ou blanc avec bande d'argent. Chapeau français à plumes noires pour le directeur général, les inspecteurs généraux, les inspecteurs et les sous-inspecteurs, sans plumes pour les autres fonctionnaires et employés. Epée à poignée de nacre, garde argentée. Boutons en argent à l'aigle, avec l'exergue : *Lignes télégraphiques. (Arrêté ministériel du 9 juillet 1862.)* Voyez DIRECTEUR GÉNÉRAL, INSPECTEURS, SOUS-INSPECTEURS, DIRECTEUR DES TRANSMISSIONS, CHEF DE STATION, COMMIS PRINCIPAL, TRADUCTEUR, EMPLOYÉ, CHEF SURVEILLANT ET SURVEILLANT, FACTEUR, SURNUMÉRARIAT.

# PERSONNEL

## ATTRIBUTIONS DES BUREAUX.

### *Direction générale des lignes télégraphiques.*

M. le vicomte de Vougy (C ✻), directeur général.

### *Cabinet du directeur général.*

M. de Bonfils-Lavernelle, inspecteur chargé du cabinet.

M. de Bretenbach, inspecteur attaché au cabinet.

Ouverture, enregistrement et distribution de la correspondance. — Traductions. — Correspondance particulière du directeur général. — Audiences. — Affaires réservées. — Archives. — Ampliations. — Autographie. — Service intérieur.

### *Service du personnel.*

M. Drevet ✻, inspecteur, chef du service.

M. Bonnivart, inspecteur attaché au service du personnel.

Demandes d'emploi. — Admission au surnumérariat. — Nomination aux emplois dans le service de la métropole et de l'Algérie. — Prestations de serment. — Commissions et missions spéciales. — Congés. — Mesures disciplinaires. — Pensions de retraite. — Secours et indemnités. — Liquidation et dépenses du personnel. — Comptes avec les compagnies de chemins de fer. — Versement et remboursement des cautionnements.

### *Service du matériel et des dépêches.*

M. Pierret ✻, inspecteur général, chef du service.

MM. Saigey, de Thury, de Lander, de la Taille,

inspecteurs attachés au service du matériel et des dépêches.

Projets d'établissement de lignes et de bureaux. — Lois et décrets sur la correspondance. — Circonscriptions télégraphiques. — Affectation des fils et appareils. — Conventions avec les administrations étrangères. — Arrêtés relatifs au service des chemins de fer et aux concessions de lignes télégraphiques. — Franchises télégraphiques. — Chiffres et vocabulaires.

Instructions relatives au matériel et aux travaux. — Etablissement et entretien des lignes et des stations. — Baux et loyers. — Devis, commandes, marchés, adjudications et régies pour les fournitures et les travaux. — Impressions, fournitures de bureaux. — Perfectionnements des appareils. — Liquidation des dépenses du matériel et des travaux. — Vérification et réception des appareils et des fournitures. — Ordres d'expéditions. — Comptes en matières. — Rédaction de la nomenclature.

Instructions relatives à la transmission des dépêches. — Contrôle des dépêches privées. — Vérification des dépêches officielles et d'exercice. — Examen des procès-verbaux. — Instruction des réclamations pour retards, erreurs ou omissions dans le service des dépêches.

Etablissement et publication des tarifs. — Contrôle de la perception des taxes et de leur versement au trésor. — Comptes internationaux. — Comptes avec les ministères et les concessionnaires des lignes. — Comptes ouverts et abonnements. — Des taxes et remboursements. — Détermination des cautionnements et des frais de perception des comptables. — Contrôle des dépêches spéciales de la télégraphie privée. — Service du contentieux. — Poursuite des délits et contraventions. — Règlement d'indemnités pour dommages. — Recueil administratif de la direction générale. — Statistique.

*Inspecteurs généraux des lignes télégraphiques.*

MM. Berrier ✻.
    Lair (César) (O ✻).

MM. comte Guyot (C. ✻).
Cheppe ✻.
d'Esparbès de Lussan ✻.
baron Amiot ✻.
comte de Durkheim-Montmartin (O ✻).
Regnaud d'Epercy ✻.
Lair (Clément) ✻.
Collache ✻.
Pierret ✻.

*Chefs de service dans les départements.*

| DÉPARTEMENTS. | FONCTIONNAIRES. |
|---|---|
| Ain | Dambuyant ✻, sous-inspecteur. |
| Aisne | Lachaussée, inspecteur. |
| Allier | Bardonnant ✻, sous-inspecteur. |
| Alpes (Basses-). | De Saint-Didier (H.), sous-inspecteur. |
| Alpes (Hautes-). | Meissonnier, directeur de transmissions. |
| Alpes-Maritimes | Blutel, inspecteur. |
| Ardèche | Quégain, directeur de transmissions. |
| Ardennes | Mathieu, inspecteur. |
| Ariége | Séré ✻, inspecteur. |
| Aube | Blerzy, sous-inspecteur. |
| Aude | Sellier, inspecteur. |
| Aveyron | Magne, inspecteur. |
| Bouches-du-Rhône. | Bourgoing ✻, inspecteur. |
| Calvados | Triger, inspecteur. |
| Cantal | Douceur, directeur de transmissions. |
| Charente | Clugniac, inspecteur. |
| Charente-Inférieure. | De Verdon ✻, inspecteur. |
| Cher | Baunis, directeur de transmissions. |
| Corrèze | Fabre, inspecteur. |
| Corse | Berger, inspecteur. |
| Côte-d'Or | Estival ✻, inspecteur. |
| Côtes-du-Nord | Watebled, sous-inspecteur. |

| DÉPARTEMENTS. | FONCTIONNAIRES. |
| --- | --- |
| Creuse. . . . . . . . | N. |
| Dordogne . . . . . | De Siorac, inspecteur. |
| Doubs . . . . . . . . | Joly, inspecteur. |
| Drome . . . . . . . | De Montillet, inspecteur. |
| Eure. . . . . . . . . | Ducôté, directeur de transmissions. |
| Eure-et-Loir. . . . | Lélégard ✳, inspecteur. |
| Finistère . . . . . . | De Vimont, inspecteur. |
| Gard. . . . . . . . . | Pouget ✳, inspecteur. |
| Garonne (Haute-). . | Ollivault du Plessis, inspecteur. |
| Gers. . . . . . . . . | Boussac, sous-inspecteur. |
| Gironde . . . . . . | Gaillard, inspecteur. |
| Hérault . . . . . . | Rouvier, inspecteur. |
| Ille-et-Vilaine . . . | Chereil de la Rivière, inspecteur. |
| Indre . . . . . . . . | Pérémé, inspecteur. |
| Indre-et-Loire . . . | De Lafollye, inspecteur. |
| Isère . . . . . . . | Beltz ✳, inspecteur. |
| Jura. . . . . . . . . | Le Joyault, directeur de transmissions. |
| Landes. . . . . . . | Figaret, directeur de transmissions. |
| Loir-et-Cher . . . . | Mabon ✳, inspecteur. |
| Loire . . . . . . . | Loir, inspecteur. |
| Loire (Haute-) . . . | Beer ✳, inspecteur. |
| Loire-Inférieure . . | Cherbonnel, inspecteur. |
| Loiret . . . . . . . | D'Hauterive, inspecteur. |
| Lot . . . . . . . . . | Maugeret, directeur de transmissions. |
| Lot-et-Garonne. . . | De Gastebois, inspecteur. |
| Lozère. . . . . . . | Finatel, sous-inspecteur. |
| Maine-et-Loire. . . | Prioul, inspecteur. |
| Manche . . . . . . | Roger, directeur de transmissions. |
| Marne. . . . . . . . | Mairesse, directeur de transmissions. |
| Marne (Haute-). . . | Pérot, inspecteur. |
| Mayenne. . . . . . | Delignac, inspecteur. |
| Meurthe . . . . . . | Blavier, inspecteur. |
| Meuse . . . . . . . | Picard, inspecteur. |
| Morbihan . . . . . | Richard, inspecteur. |
| Moselle . . . . . . | Aubry ✳, inspecteur. |

| DÉPARTEMENTS. | FONCTIONNAIRES. |
| --- | --- |
| Nièvre | Trotin, sous-inspecteur. |
| Nord. | Devemy ✳, inspecteur. |
| Oise | Regny ✳, inspecteur. |
| Orne. | Duval ✳, inspecteur. |
| Pas-de-Calais | Jourdan, inspecteur. |
| Puy-de-Dôme | Cartier, inspecteur. |
| Pyrénées (Basses-). | Ribadieu, inspecteur. |
| Pyrénées (Hautes-). | Collache, inspecteur. |
| Pyrénées-Orientales. | Delaya, directeur de transmissions. |
| Rhin (Bas-) | Guyot, inspecteur. |
| Rhin (Haut-). | Brisson, inspecteur. |
| Rhône | Faure ✳, inspecteur. |
| Saône (Haute-) | Lami de Nozon, direct. de transmiss. |
| Saône-et-Loire. | Berthot, directeur de transmissions. |
| Sarthe | Bergon ✳, inspecteur. |
| Savoie | Gauthier-Villars ✳, inspecteur. |
| Savoie (Haute-). | Puy-Demorande, direct. de transmiss. |
| Seine. | Baron ✳ (Lignes et matériel), inspect. Grosjeau ✳ (Personnel et transmission), inspecteur. |
| Seine-Inférieure | Lepagn. de Chantcloup, inspecteur. |
| Seine-et-Marne | Raboin ✳, inspecteur. |
| Seine-et-Oise | Boyer ✳, inspecteur. |
| Sèvres (Deux-) | Guérin, inspecteur. |
| Somme | Carette ✳, inspecteur. |
| Tarn. | De Cazeneuve, inspecteur. |
| Tarn-et-Garonne. | Péty, directeur de transmissions. |
| Var | Raybaud, inspecteur. |
| Vaucluse. | Degors ✳, inspecteur. |
| Vendée. | Pannetier, directeur de transmissions. |
| Vienne. | Morin, directeur de transmissions. |
| Vienne (Haute-). | Pélégrin ✳; inspecteur. |
| Vosges. | Caël, directeur de transmissions. |
| Yonne | Desachy, directeur de transmissions. |

*Service électro-sémaphorique du littoral de l'empire.*

M. Ailhaud, inspecteur chargé du service.

*Premier arrondissement maritime.*

CHERBOURG. — M. Demeaux, directeur de transmissions.

*Deuxième arrondissement maritime.*

BREST. — M. Lecomte du Colombier, directeur de transmissions.

*Troisième arrondissement maritime.*

LORIENT. — M. de Pradines, directeur de transmissions.

*Quatrième arrondissement maritime.*

ROCHEFORT. — M. Droguet, directeur de transmissions.

*Cinquième arrondissement maritime.*

TOULON. — M. Ailhaud ※, inspecteur.

*Mission de Cochinchine.*

M. Hudot ※, directeur de transmissions, chef de la mission.

OUTILS. Un approvisionnement d'outils sera conservé au magasin de chaque direction pour l'équipement des ateliers de réparation des lignes. Cet approvisionnement constituera un matériel de rechange pour le renouvellement des outils des surveillants.

Il est fixé par département ainsi qu'il suit :

3 clefs de traction ; 3 clefs à vis, tête carrée ;
2 échelles de construction de 6 mètres ; 2 échelles
de surveillant ; 10 limes tiers points ; 6 machoires à
tendre ; 6 mâchoires à tordre ; 4 moufles (1/2 paire)
avec leurs cordages ; 3 pinces plates ; 3 sacs à outils
en toile avec leurs courroies ; 1 sac en cuir ; 10 tournevis ; 10 vrilles grosses ; 25 vrilles moyennes ;
15 vrilles petites.

Dans chaque direction, on emploiera à former ce
premier approvisionnement, les outils des surveillants dont les parcours seraient supprimés. Ces quantités seront, s'il y a insuffisance, complétées par
l'administration, sur la demande du directeur. (*Circulaire du 30 octobre 1861.*) Voyez CHEF SURVEILLANT
ET SURVEILLANT, page 122.

OUVRIERS AUXILIAIRES. Voyez ATELIER DE NET-
TOYAGE, page 106.

PEINES DISCIPLINAIRES. Voyez ORGANISATION
ADMINISTRATIVE.

PÉNALITÉS. Voyez AMENDES, EMPLOYÉ, DÉFICIT
DE CAISSE, FACTEUR. — VIOLATION DU SECRET DES DÉ-
PÊCHES.

PORT DES DÉPÊCHES. Les chefs de stations ou
employés chargés du service du bureau peuvent faire
porter les dépêches par les facteurs dans un rayon
de deux kilomètres au-delà des limites de l'octroi de
la ville. (*Circulaire n° 241.*) Voyez DÉPÊCHES.

POURSUITES. Voyez CONTRAVENTIONS.

PROCÈS-VERBAUX. Les chefs de station doivent
s'assurer fréquemment que les heures précises de
demandes et de relevés de communications directes

sont notées avec exactitude et veiller à ce que toutes les transmissions échangées entre deux correspondants soient notées avec exactitude, et veiller à ce que toutes les transmissions échangées entre deux correspondants soient notées sur le procès-verbal. Le procès-verbal est signé par l'employé qui travaille, et si, dans le cours d'une séance, plusieurs employés manipulent à un même appareil, ils signent chaque fois qu'ils prennent et qu'ils quittent la manipulation. (*Circulaire* n° 6, articles 68 et 69.)

Lorsqu'un fonctionnaire ou agent des lignes télégraphiques est appelé à une nouvelle résidence, il doit, le jour de son départ et le jour de son arrivée, se présenter au bureau télégraphique et apposer sa signature sur le procès-verbal de la séance en la faisant précéder de la mention : « Je suis parti de.... ou je suis arrivé à... le... à... heures (matin ou soir.) » Cette mention doit être apparente et placée entre deux lignes horizontales. (*Circulaire* n° 28.)

PROTECTION des lignes. Voyez première partie, page 35.

QUITTANCES. En ce qui concerne les mémoires de travaux n'intéressant pas d'une manière spéciale le service télégraphique :

L'acquit d'une pièce de dépense doit toujours être donné par le créancier réel au nom duquel la pièce est dressée ; une signature par procuration n'est valable, que si les pouvoirs du représentant sont établis par un acte authentique timbré et enregistré, mis à l'appui de la pièce de dépense. (*Circulaire* n° 218.)

Les quittances de dépêches du registre à souche doivent porter le nom de la station et indiquer le classement pour les villes comprenant plusieurs stations. Tout récépissé délivré ou non, sera daté et numéroté, ainsi que sa souche correspondante.

. Les quittances de toutes les sommes versées à la station doivent être délivrées immédiatement, mais les récépissés des réponses payées d'avance seront conservées définitivement adhérents à la souche et déposées à la station d'expédition.

Tout duplicata de quittance dont la demande sera faite, sera délivré sur papier libre rappelant le numéro du primata. (Voyez Remboursement de taxe.)

RECETTES ACCIDENTELLES. Voyez Avaries, page 109.

RÉCLAMATION. Voyez Dépêches et première partie, page 12.

RÉDUCTION DE TAXE. Toute réduction de taxe accordée par voie d'abonnement ou autre, pour la correspondance télégraphique privée circulant à l'intérieur de l'empire par le moyen des télégraphes de l'Etat est et demeure supprimée à partir du 1er janvier 1862. (*Arrêté ministériel du 28 décembre 1861.*) Voyez Dépêches, page 146.

REFUS DE TRANSMISSION. Voyez page 12.

REMBOURSEMENT DE TAXE. Un remboursement de taxe peut être opéré par toute autre station que celle qui a perçu ; mais, dans ce cas, le remboursement ne peut avoir lieu d'office. L'administration centrale, qui délivre l'autorisation dans la forme ordinaire s'assure que le remboursement n'a pas été fait par la station d'encaissement, et elle y envoie pour être attaché à la souche, un bulletin indiquant le bureau chargé de rembourser.

. Le chef de ce dernier bureau annexe à son carnet de recettes D, la quittance à souche délivrée par la

station d'encaissement et dûment acquittée, ou à
défaut de cette pièce, une déclaration de remboursement suivant le modèle réglementaire et visée par
le chef de station. (*Circulaire* n° 170.)

**REMPLACEMENT INTÉRIMAIRE.** Voyez Congé,
Maladie.

**RÉPÉTITION.** C'est le collationnement partiel des
mots importants d'une dépêche : En payant double
taxe, les particuliers ont la faculté de recommander
leurs dépêches. Toute dépêche recommandée est
vérifiée par une répétition de la dépêche faite par le
directeur destinataire. (*Loi du 29 novembre* 1850,
article 8.)

Aux termes des traités de Berne et de Bruxelles,
le collationnement partiel, c'est-à-dire, la répétition
des mots importants d'une dépêche est obligatoire et
non taxée. Ce collationnement doit se faire à la fin de
la dépêche et sans abréviation. (Voyez Collationnement.)

**RÉPRESSION** des transmissions télégraphiques
non autorisées. Voyez page 29.

**RESPONSABILITÉ.** Les inspecteurs d'une même
ligne sont *solidairement* responsables des dérangements qui se produisent sur l'étendue de leur parcours.

Les directeurs de transmissions sont comptables
des recettes de leur bureau et versent à ce titre un
cautionnement. (Voyez ce mot, page 113.) Ils sont
responsables de la bonne tenue, du classement et de
la conservation des registres et documents appartenant à leur bureau. La conservation du matériel du
bureau et l'usage qui en est fait par les employés et
agents sous leurs ordres ainsi que l'état de la pile

sont également placés sous la responsabilité des directeurs de transmissions. (*Règlement du 15 août 1862.*)

RETENUES. Pour les congés de moins de trois mois, la retenue est de la moitié au moins et des deux tiers au plus du traitement; après trois mois de congé consécutifs ou non, dans la même année, l'intégralité du traitement est retenue, et le temps excédant les trois mois n'est pas compté comme service effectif, pour la pension de retraite.

Si, pendant l'absence de l'employé, il y a lieu de pourvoir à des frais d'intérim, le montant en sera précompté, jusqu'à due concurrence, sur la retenue qu'il doit subir.

La durée du congé avec retenue de la moitié au moins et des deux tiers au plus du traitement, peut être portée à quatre mois, pour les fonctionnaires exerçant hors de France, mais en Europe ou en Algérie, et à six mois pour ceux qui sont attachés au service colonial et aux services diplomatique et consulaire hors d'Europe.

Sont affranchies de toute retenue, les absences ayant pour cause l'accomplissement d'un des devoirs imposés par la loi. En cas d'absence, pour cause de maladie, dûment constatée, le fonctionnaire ou l'employé peut être autorisé à conserver l'intégralité de son traitement pendant un temps qui ne peut excéder trois mois. Pendant les trois mois suivant, il peut obtenir un congé avec la retenue de la moitié au moins et des deux tiers au plus du traitement. Si la maladie est déterminée par suite d'un acte de dévouement dans un intérêt public, ou en exposant ses jours pour sauver la vie d'un de ses concitoyens, soit par suite de lutte ou combat soutenu dans l'exercice de ses fonctions, le fonctionnaire peut conserver l'intégralité de son traitement jusqu'à son rétablissement ou jusqu'à sa mise à la retraite. (*Décret impérial du 9 novembre 1853.*) Voyez Congés, page 130 ; Certificats de maladie, page 115.

RETRAITE. Tout fonctionnaire, agent ou employé comptant 30 ans de services effectifs et soixante ans d'âge, est admis à faire valoir ses droits à la retraite et il est pourvu d'office à son remplacement. (*Décret impérial du 29 janvier 1862.*)

La pension est basée sur la moyenne des traitements et émoluments de toute nature soumis à une retenue dont l'ayant droit a joui pendant les six dernières années d'exercice. Elle est réglée pour chaque année de services civils, à un soixantième du traitement moyen.

Les services civils rendus hors d'Europe, par le gouvernement français, sont comptés pour moitié en sus de leur durée effective, sans toutefois que cette bonification puisse réduire de plus d'un cinquième le temps de service effectif exigé pour reconstituer le droit à la pension.

Le supplément accordé à titre de traitement colonial, n'entre pas dans le calcul du traitement moyen. Après 15 ans de services rendus, hors d'Europe, la pension peut être liquidée à 45 ans d'âge.

SERVICE A L'ÉTRANGER. Voyez Organisation administrative, Retraite.

SERVICE DE NUIT. Voyez page 17.

SOUS-INSPECTEURS. Le personnel des sous-inspecteurs comprend 40 titulaires formant une classe unique aux appointements de 4,000 francs.

Les sous-inspecteurs sont nommés par le ministre de l'intérieur, sur la présentation du directeur général, et le ministre seul peut leur appliquer les peines disciplinaires prévues par les réglements.

L'uniforme des sous-inspecteurs est réglé ainsi qu'il suit :

Habit en drap bleu de roi, collet et parements en drap bleu flore, broderies en argent du même dessin que celle des ingénieurs des ponts et chaussées. Gilet blanc. Pantalon bleu ou blanc avec bande d'argent. Chapeau français à plumes noires. Epée à poignée de nacre, garde argentée. Boutons en argent à l'aigle, avec l'exergue : *Lignes télégraphiques.* Broderie au collet et parements, écusson à la taille. (*Arrêté ministériel du 9 juillet 1862.*)

Le sous-inspecteur remplit les fonctions d'inspecteur dans les départements qui ne sont pas pourvus de fonctionnaires de ce dernier grade.

Il peut être adjoint à un inspecteur, et prend alors, sous ses ordres, part aux travaux de l'inspection. Cette participation est déterminée par l'inspecteur, et fait l'objet d'une délégation spéciale qui doit être soumise à l'approbation du directeur général, et ne peut être modifiée sans son autorisation. Les rapports du sous-inspecteur sur les parties du service dont il est chargé, sont adressés à l'inspecteur et doivent, s'il y a lieu, de soumettre à l'administration les affaires qui y sont traitées, être transmis par ce dernier au directeur général avec ses observations.

Le sous-inspecteur correspond dans le département, avec les fonctionnaires, employés et agents de l'administration, pour tout ce qui concerne le service qui lui est attribué.

Il peut appliquer comme mesure disciplinaire aux employés et agents de son service d'un grade inférieur à celui de chef de station, des retenues n'excédant pas trois jours de traitement par mois ; il en rend compte immédiatement à l'inspecteur. (Voyez ORGANISATION ADMINISTRATIVE.)

SURNUMÉRARIAT. Les examens pour l'admission dés stationnaires surnuméraires dans l'administration des lignes télégraphiques ont lieu dans les villes de Paris, Bordeaux, Toulouse, Marseille, Lyon, Strasbourg, Lille, Nantes et Alger, lorsque les besoins du service l'exigent.

Un avis inséré au *Moniteur universel*, et reproduit dans les journaux des départements, indique l'époque de l'ouverture des examens.

Les candidats se font inscrire à la préfecture du département où ils résident et produisent les pièces ci-après :

1° Demande indiquant la ville dans laquelle ils désirent concourir;

2° Acte de naissance dûment légalisé;

3° Certificat de bonne vie et mœurs, légalisé ;

4° Certificat constatant la libération définitive du service militaire;

5° Diplômes constatant les grades universitaires que les candidats auraient obtenus.

Dans le département de la Seine, l'inscription et le dépôt des pièces ont lieu au ministère de l'intérieur (bureau du personnel des lignes télégraphiques).

Les demandes faites avant la publication de l'avis au *Moniteur* doivent être renouvelées.

Les registres d'inscriptions, ouverts dans les préfectures et à Paris, sont clos six semaines avant l'époque fixée pour les examens.

Les demandes d'admission à concourir sont transmises par les préfets au ministère de l'intérieur.

Pour être admis à concourir, les candidats doivent être âgés de 28 ans au plus. Cette limite d'âge est reculée jusqu'à trente ans, pour les anciens militaires ayant au moins quatre ans de service effectif.

L'examen porte sur les matières dont le détail suit :

1º Écriture très-lisible;

2º Rédaction correcte; .

3º Dessin linéaire;

4º Arithmétique, jusques et y compris les proportions;

5º Notions élémentaires de géométrie, de physique et de chimie en ce qui concerne la composition des piles électriques;

6º Géographie terrestre.

La connaissance de l'une ou plusieurs des langues suivantes : l'allemand, l'anglais, l'espagnol et l'italien, est prise en considération pour le classement des candidats.

Ils sont informés individuellement de leur admission ou non admission à l'examen, dix jours au moins avant l'époque fixée pour l'ouverture du concours. Six jours sont consacrés aux épreuves, qui consistent en compositions écrites. (*Avis administratif de la direction générale du 8 décembre 1855.*) Voyez ADMISSION DES CANDIDATS. — EXAMEN DES CANDIDATS.

### SURVEILLANCE ET ENTRETIEN DES LIGNES.

Les lignes télégraphiques électriques sont placées sur les chemins de fer ou s'étendent le long des routes nationales ou des canaux; les lignes aériennes sont formées par des séries de postes disséminés dans la campagne.

Le service de ces deux espèces de lignes est surveillé par des agents spéciaux, entretenus par l'administration des lignes télégraphiques, et chargés d'une manière particulière de constater et de poursuivre les contraventions et les délits dont les résultats peuvent compromettre la correspondance télégraphique.

L'administration des lignes télégraphiques doit faire connaître au préfet de chaque département, le nom, la qualité et la résidence de ceux de ses agents qui ont le droit d'exercer dans le ressort départemental. M. le ministre des travaux publics a recommandé à tous les agents chargés du contrôle et de la surveillance de l'exploitation des chemins de fer de veiller avec soin à la conservation des lignes télégraphiques établies le long des voies ferrées. Mais il importe en outre, que les préfets placent les lignes et les postes télégraphiques existant dans leur département sous la protection générale et collective de la gendarmerie, des maires et des commissaires de police. Il est également utile d'ordonner aux cantonniers des routes, sur lesquelles des lignes télégraphiques sont établies, de surveiller ces constructions et de dénoncer, au besoin, les contraventions dont ils pourraient avoir connaissance.

La direction des lignes et l'emplacement des postes sera à cet effet indiqué à l'administration départementale par M. le directeur général des lignes télégraphiques. (*Circulaire du 25 novembre* 1852.)

Les surveillants ont à remplir une double tâche, qui consiste :

1° A exécuter les travaux ordinaires que comporte l'entretien des lignes ;

2° A rechercher, à réparer au besoin, et, dans certains cas, à prévenir les dérangements qui peuvent se produire.

Comme agents assermentés, ils sont appelés à constater, par des procès-verbaux, les infractions à la police des lignes télégraphiques ; mais ce n'est qu'à titre accessoire. Les délits, les simples contraventions mêmes, sont en effet aujourd'hui très-rares. Leur constatation se rattache d'ailleurs presque toujours à la réparation du dérangement qui en a été la suite ou à l'enquête qu'il a provoquée. (Voyez CONTRAVENTIONS.)

La vérification du bon état des lignes et la recherche des dérangements donnent lieu à des tournées générales faites, suivant le cas, à pied ou en wagon. Les travaux d'entretien s'exécutent durant des visites de détail que les surveillants effectuent toujours à pied et munis de leurs outils.

La circulaire n° 189, du recueil des actes administratifs, impose aux surveillants sur chemins de fer l'obligation de faire une tournée générale par semaine et de visiter en détail, deux fois par mois, toute la portion de ligne confiée à leurs soins. Cette organisation se justifie par l'importance des lignes qui suivent les voies ferrées et les nombreux changements que subit leur installation, surtout aux abords des gares. Elle a d'ailleurs la sanction de l'expérience et doit être conservée.

Les surveillants accomplissant leur tournée générale en quelques heures, la longueur des parcours est déterminée et limitée par le temps que ces agents peuvent consacrer aux visites de détail.

Deux jours étant affectés, soit à la tournée générale, soit aux opérations accessoires prescrites par le directeur, il ne reste que quatre jours par semaine pour les visites de détail. Chaque agent devra donc suivre à pied son parcours en huit jours. Comme il ne peut, en général, en une journée se transporter que d'une gare à la suivante, son parcours ne comprendra guère que huit gares consécutives. Sa longueur moyenne sera de 60 à 75 kilomètres. La distance moyenne de deux gares consécutives sur les lignes principales de l'ancien réseau est de 7 kilomètres 5 hectomètres. Elle sera sans doute plus considérable sur le nouveau réseau des chemins de fer. (*Circulaire du 31 octobre 1861.*)

*Lignes de route.* — Le service de surveillance de la plupart des lignes sur route a, jusqu'à présent, été organisé de manière à satisfaire cette double condition : que ces lignes fussent entièrement visitées à pied tous les deux jours, et que les surveillants rentrassent cependant chaque soir à leur domicile. On ne pouvait, par suite, attribuer à chaque agent plus de 15 à 16 kilomètres, sans lui imposer de longues tournées qui le fatiguaient outre mesure. Cette organisation, adoptée à l'origine de la télégraphie électrique, alors que plusieurs villes de premier ordre étaient encore éloignées des voies ferrées, s'expliquait par l'importance de la plupart des lignes sur route, la longueur des sections reliant deux bureaux voisins, sans coupure intermédiaire, et les difficultés qu'on éprouvait à faire parvenir l'avis d'un dérangement d'une extrémité à l'autre. Mais l'extension des voies ferrées, la création d'un grand nombre de bureaux dans des chefs-lieux d'arrondissement, ou même dans d'autres villes d'importance secondaire, et la construction de lignes transversales, reliant entre elles les artères principales, ont changé complétement la constitution du réseau télégraphique. Il est aujourd'hui facile de circonscrire rapidement un dérangement sur une section dont la longueur ne dépasse guère 75 kilomètres.

Deux surveillants, partant des deux extrémités de cette section, peuvent, en quelques heures, surtout si on les autorise à profiter des voitures publiques, la visiter entièrement et réparer le défaut signalé. Il est dès lors inutile de maintenir des tournées quotidiennes pour se prémunir contre la durée des dérangements qui, avec cette organisation, pouvaient cependant persister pendant quarante-huit heures. Le développement du réseau atténue d'ailleurs les effets d'une interruption accidentelle.

Quant aux travaux d'entretien, ils sont loin de motiver la présence continue des surveillants sur les lignes.

Il n'y aurait ainsi aucun inconvénient sérieux à réduire le nombre des tournées de surveillants sur route, et, comme conséquence immédiate, à leur attribuer de plus longs parcours avec l'obligation de découcher pour accomplir ces tournées.

J'ai adopté dans ce but les dispositions suivantes :

1° Le nombre des tournées des surveillants sur route sera réduit à une par semaine sur les lignes importantes à plusieurs fils, et à une par mois sur les embranchements secondaires à un seul fil;

2° Les surveillants pourront consacrer plusieurs jours à leurs tournées, et recevront, pour frais de découché, l'indemnité de 3 francs, fixée au titre de frais de séjour, par le décret du 29 novembre 1858 ;

3° Lorsqu'un dérangement sera signalé, ces agents seront autorisés et invités au besoin à prendre les voitures publiques, pour les transporter sur le lieu de l'accident, et recevront, à titre d'indemnité, des frais de route, calculés à raison de 1 fr. 50 c. par myriamètre parcouru en voiture, ou, le cas échéant, des frais de découché. (Voyez Frais de route et de séjour.)

Dans ces conditions, la longueur moyenne des parcours peut être portée à 40 kilomètres sur les sections importantes à plusieurs fils, et à 60 sur les embranchements à un fil, ne desservant que des postes secondaires. Il devient dès lors possible de concentrer la plupart des surveillants dans les chefs-lieux de département, ou au moins près des bureaux télégraphiques.

Cette réunion de plusieurs agents au chef-lieu, sous les yeux de leur chef, présente de nombreux avantages et offre une garantie de la régularité du service. Non-seulement les surveillants seront prêts à se transporter sur les lignes au premier avis d'un dérangement, mais ils pourront encore se prêter un mutuel concours, être employés ensemble à des travaux qui exigeraient plusieurs ouvriers, et participer au service du port des dépêches à domicile. (*Circulaire du 31 octobre 1861.*)

10

Le nettoyage des supports s'opérait, jusqu'à présent, tous les mois sur la plupart des lignes suivant les routes de terre, et seulement tous les ans sur les lignes suivant les chemins de fer. L'expérience a démontré en effet que, sauf sur certains points, un lavage annuel suffisait, et que des nettoyages plus fréquents n'amélioraient pas sensiblement l'isolement des fils. Le moment le plus favorable pour le lavage annuel est la partie de l'automne qui précède la saison des pluies. Il conviendra de profiter de la formation de l'atelier de nettoyage des supports pour faire remettre les lignes en parfait état, afin qu'elles soient moins exposées à être interrompues pendant l'hiver. Il sera utile aussi de les revoir après la mauvaise saison, pour réparer complétement et dans les meilleures conditions les avaries qu'elles auraient subies. Par ces travaux périodiques bien entendus, en remplaçant au fur et à mesure les appuis qui viendraient à se détériorer, on évitera les reconstructions totales qui, à un moment donné, entraînent des dépenses considérables et causent de graves perturbations dans la marche du service.

Les directeurs devront donc faire parcourir complétement deux fois par an les lignes de leur département par un atelier formé de deux, trois ou quatre surveillants, suivant les exigences du service. Ces agents, placés sous la conduite de l'un d'eux, qui remplira les fonctions de chef d'atelier, auront droit aux allocations qui leur seraient attribuées pour tournées ordinaires. Des ouvriers pris sur les lieux pourront leur être adjoints, lorsque l'état des lignes l'exigera, ou lorsque le nombre des surveillants pouvant s'éloigner de leur résidence sera insuffisant.

Les directeurs fixeront, suivant les besoins du service, les époques précises de ces révisions générales. Ils pourront, lorsqu'ils le jugeront utile, en dehors des réparations périodiques, former un atelier spécial pour des travaux exceptionnels à exécuter sur une section déterminée. Mais ils auront soin de demander préalablement l'autorisation de la dépense, si elle n'a pas été prévue sur l'état de situation ou ne peut être imputée sur les sommes accordées pour frais imprévus.

Un approvisionnement d'outils sera conservé au magasin de chaque station pour l'équipement des ateliers de réparation des lignes. Cet approvisionnement constituera d'ailleurs un matériel de rechange pour le renouvellement des outils des surveillants.

Ce matériel est fixé par département, ainsi qu'il suit : 3 clefs de traction, 3 clefs à vis tête carrée, 2 échelles de construction de 6 mètres, 2 échelles de surveillant, 10 limes tiers-points, 6 machoires à tendre, 6 machoires à tordre, 4 moufles (1/2 paire) avec leurs cordages, 3 pinces plates, 3 sacs à outils en toile avec leurs courroies, 1 sac en cuir, 10 tournevis, 10 vrilles grosses, 25 vrilles moyennes, 15 vrilles petites

Dans chaque direction on emploiera à former ce premier approvisionnement les outils des surveillants dont les parcours seraient supprimés. Ces quantités seront, s'il y a insuffisance, complétées par l'administration sur la demande du directeur (1).

Les lignes établies dans les pays de montagnes, placées pendant l'été dans les mêmes conditions que les autres, sont soumises pendant l'hiver à des causes puissantes de destruction et exigent des soins particuliers. Il convient donc d'y attacher un plus grand nombre d'agents et d'en combiner la surveillance avec celle des embranchements qui ne fonctionnent

---

(1) Dans certains cas urgents, l'échelle peut être remplacée par une paire d'étriers que les surveillants doivent confectionner eux-mêmes : chaque étrier sera formé d'une corde double d'une longueur (un mètre environ) appropriée à la taille du surveillant et d'une force suffisante pour porter le poids du corps.

que pendant l'été. Ainsi en prenant pour exemple la section de Mende à Villefort d'une longueur de 60 kilomètres environ, le service en sera facilement assuré durant la belle saison par deux agents, résidant l'un à Mende, l'autre à Villefort; mais, pendant l'hiver, il y aura lieu d'y attacher en outre deux ou trois surveillants auxiliaires qui seraient placés dans une ou plusieurs localités intermédiaires. Ces agents, qui resteraient dans ces résidences du 1er octobre au 1er avril, prendraient part aux travaux de nettoyage, de réparation générale et de surveillance des lignes, suivant des instructions qui leur seraient données à cet égard.

Durant les gelées, ils pourraient être utilement employés à briser les glaçons qui se forment sur les fils, par l'accumulation du givre, et à prévenir ainsi la rupture de ces conducteurs. Du 1er avril au 1er octobre ils resteraient à la disposition de l'administration pour les travaux d'établissement ou de surveillance des embranchements correspondant aux bureaux ouverts seulement pendant la saison d'été.

Des livrets fournis par l'administration sont déposés dans les stations et dans les mairies pour servir à controler la régularité des tournées sur route. Les surveillants mentionneront sur ces registres, à côté de leur signature, la date et l'heure de leur passage. Les directeurs s'entendront avec les autorités locales pour la conservation des registres, et s'assureront, dans leurs inspections, de l'exactitude avec laquelle les surveillants accomplissent leurs tournées.

Pour assurer la rapide exécution des dérangements, il importe que les stations aient connaissance de l'ordre de service fixant les tournées de surveillants, et qu'elles sachent exactement le point sur lequel doit se trouver chaque agent à un moment donné, afin de pouvoir le prévenir de l'existence d'une interruption, d'un mélange ou de tout autre défaut. On

établira à cet effet, dans chaque direction, un tableau, dont une copie sera transmise non-seulement
à toutes les stations du département, mais encore à
celles des départements limitrophes qui auraient intérêt à le connaître. A l'aide de cet état et du tableau
fixant la marche des trains, toutes les communications concernant l'état de la ligne pourront être adressées sûrement et très-promptement aux surveillants, soit par le télégraphe de l'Etat ou des compagnies, soit par la poste. (Voyez COMMUNICATIONS DE
SERVICE.)

Il convient d'ailleurs, dès qu'un dérangement est
constaté, de le signaler, sans délai, par la poste à
tous les surveillants intéressés qui ne résideraient
pas près d'un bureau télégraphique, ou s'en trouveraient momentanément éloignés.

Les frais de route et de séjour auxquels les surveillants auront droit par application des dispositions
qui précèdent, seront payés par trimestre, sur les
fonds du budget du matériel des lignes télégraphiques (chapitre V). Ils devront être compris chaque
année sur l'état de la situation, ainsi que les dépenses relatives aux travaux d'entretiens périodiques et
au remplacement des surveillants facteurs dans les
stations. Ces indemnités n'étant accordées que dans
des circonstances parfaitement définies, il sera facile
d'éviter tout abus en ce qui concerne leur allocation.
Le nombre des tournées ordinaires des surveillants
sera déterminé à l'avance par un ordre de service.
Il conviendra aussi de fixer la durée de chacune
d'elles.

Ainsi un surveillant, chargé d'un parcours de 40 kilomètres, peut, en trois jours, visiter toute la portion
de la ligne qui lui est confiée et rentrer à sa résidence. Il recevra, en conséquence, pour frais de
découché, une somme de 6 francs par tournée ordinaire.

Le droit aux frais de route, alloués dans le cas de dérangement, sera constaté par l'ordre écrit du fonctionnaire ou employé qui aura invité le surveillant à se transporter sur les lieux. (*Circulaire du 31 octobre 1861.*) Voyez page 164, FRAIS DE ROUTE ET DE SÉJOUR.

SUSPENSION D'EMPLOI. Voyez p. 43, art. 2, § 4.

TARIF INTÉRIEUR. Voyez TAXE.

TARIF INTERNATIONAL. Voyez TAXE.

TAXE. On entend par taxe le prix fixé par la loi pour la transmission des dépêches par voie télégraphique.

Jusqu'au 1er janvier 1862, la transmission des dépêches privées était tarifée d'après l'article 7 de la loi du 25 novembre 1850, basée sur la taxe proportionnelle. Les articles 1 et 2 de la loi du 18 mai 1858, réduisirent à 1 franc le prix de la dépêche de 1 à 15 mots, échangée entre deux bureaux d'un même département, et à 1 fr. 50 cent., celui de la dépêche du même nombre de mots échangée entre deux bureaux de départements limitrophes.

Cette réduction était un premier pas et surtout une tendance vers un mode nouveau et plus en rapport avec les besoins généraux du commerce, et produisit une augmentation assez sensible dans le nombre des transmissions pour motiver la loi du 3 juillet 1861. Cette loi a pour but de donner de nouvelles facilités à la correspondance télégraphique privée en substituant à la taxe proportionnelle une taxe uniforme pour toutes les dépêches de bureau à bureau, quelle que soit la distance et fixant cette taxe à 2 francs pour la dépêche simple.

Les dépêches télégraphiques privées de 1 à 20 mots, *adresse et signature .comprises*, sont soumises aux taxes suivantes perçues au départ, savoir :

Les dépêches échangées entre deux bureaux d'un même département à une taxe fixe de 1 franc.

Les dépêches échangées entre deux bureaux quelconques du territoire *continental* de l'empire, hors le cas précédent, une taxe fixe de 2 francs.

Au-dessus de 20 mots, ces taxes sont augmentées de moitié, pour chaque dizaine de mots ou fraction de dizaine excédante. L'indication de la date, de l'heure du dépôt et du lieu de départ est transmise d'office. Sauf ces indications, tous les mots inscrits par l'expéditeur sur la minute de la dépêche sont comptés et taxés. (*Loi du 3 juillet 1861*, article 2.) Voyez page 112, CALCUL DES MOTS.

Un décret impérial du 5 octobre 1861 et divers arrêtés ministériels du 12 du même mois déterminent les bases du tarif applicable aux correspondances transitant par les lignes sous marines directes de France en Algérie et de Toulon à Ajaccio.

Les dépêches échangées entre un bureau quelconque de France et un bureau quelconque d'Algérie, par le câble direct de Port-Vendres à Alger sont soumises à une taxe fixe de 8 francs pour 20 mots, adresse et signature comprises. Au-dessus de 20 mots, cette taxe sera augmentée de moitié pour chaque dizaine de mots ou fraction de dizaine excédante. Ce mode de taxation emprunté à la loi du 3 juillet 1861, est ainsi appliqué par anticipation à la correspondance intérieure avec l'Algérie. Pour toutes les autres dispositions, notamment pour la manière de compter les mots, cette correspondance est soumise aux règles du tarif intérieur.

En vertu d'une convention conclue le 19 avril 1861 avec le bey de Tunis, et concédant à l'administration française l'exploitation des lignes tunisiennes, le bénéfice d'une taxe uniforme a été étendu aux dépêches que la Tunisie échange avec la France. Les dépêches transmises par le câble direct, d'un bureau quelconque de Tunisie et réciproquement seront soumises à une taxe fixe de 10 francs pour 20 mots, adresse et signature comprises avec augmentation de 5 francs, pour chaque dizaine de mots, ou fraction de dizaine excédante.

Les autres dispositions du tarif intérieur seront applicables à ces dépêches.

La taxation uniforme n'étant adoptée que pour les dépêches échangées entre la France d'une part et l'Algérie ou la Tunisie de l'autre, la correspondance des bureaux étrangers avec l'Algérie et la Tunisie continue à être régie par les conventions de Berne ou de Bruxelles. La taxe des dépêches en provenance ou à destination de ces bureaux se compose :

1º De la part afférente au parcours étranger jusqu'à la frontière française ;

2º De la part afférente au transit français donné par le tableau qui indique le classement des différentes frontières françaises par rapport à Port-Vendres ;

3º De la somme de 6 francs applicable au parcours sous-marin de Port-Vendres à Alger ;

4º Enfin de la part afférente au parcours entre Alger et la station destinataire (Algérie ou Tunisie), déterminée d'après les indications de la circulaire nº 293, tableaux 2 et 3.

Quant au câble sous-marin qui relie Ajaccio à Toulon, son parcours est évalué à une zone, tant pour les dépêches intérieures que pour les dépêches internationales. En conséquence, la taxe des dépêches échangées par ce câble entre la France continentale et la Corse se compose :

1º De la part afférente au parcours continental jusqu'à Toulon, qui est donné par la circulaire nº 293, tableau nº 1, et par les circulaires ultérieures où sont notifiées successivement les ouvertures de bureaux ;

2º De la somme de 1 fr. 50 cent. applicable au transit du câble ;

3º De la part afférente au parcours sur le territoire corse, fixée uniformément à 1 fr. 50 cent. pour tout bureau de l'île y compris Ajaccio.

Pour les dépêches internationales échangées avec la Corse ou transitant par cette île, la taxe française, indépendamment de la somme afférente aux parcours étrangers jusqu'à nos frontières, se compose :

1º Du transit de la frontière française à Toulon, donnée par la circulaire nº 298 ;

2º De la somme de 1 fr. 50 c. pour le parcours sous-marin de Toulon à Ajaccio ;

3º Du parcours ou du transit corse fixé à une zone.

D'après les détails qui précèdent il résulte que les dépêches échangées entre la France continentale et la Corse, aussi bien que les dépêches échangées entre les bureaux étrangers et ceux de cette île, sont taxées d'après les principes des traités internationaux. Cette disposition, qui restera naturellement toujours applicable à la correspondance avec les bureaux étrangers, prend fin, en ce qui concerne la correspondance avec les bureaux français, au 1er janvier 1862, par l'application de la loi du 3 juillet 1861, sur les correspondances intérieures.

Les arrêtés ministériels du 12 octobre, mentionnés ci-dessus, étendent aux correspondances échangées entre un bureau quelconque de Corse et un bureau quelconque d'Algérie ou de Tunisie et transitant par les câbles d'Ajaccio à Toulon et de Port-Vendres à Alger, le bénéfice des taxes de 8 francs (pour l'Algérie) et de 10 francs (pour la Tunisie), dans les conditions qui ont été développées plus haut.

10.

Ces modifications de tarifs, ont leur effet à partir du 1er novembre 1861. (*Circulaire de la direction générale du 18 octobre 1861.*)

Un arrêté ministériel du 28 décembre 1861, supprime à partir du 1er janvier 1862 toutes les réductions de taxes accordées à titre d'abonnement ou à tout autre titre pour la transmission des dépêches privées à l'intérieur par le moyen des télégraphes de l'Etat.

Cette décision que motive l'abaissement considérable introduit par la loi du 3 juillet 1861 dans les tarifs intérieurs, s'applique en premier lieu à tous les abonnements dont jouissent en ce moment certaines chambres de commerce et certains syndicats d'agents de change ou de courtiers de commerce en vertu d'arrêtés insérés au recueil administratif. Elle n'abroge toutefois que les dispositions de ces arrêtés qui sont relatives à la taxe.

En supprimant de même les réductions de taxe qui ont pu être consenties par une autre voie que par la voie d'abonnement, la décision ministérielle a en vue les réductions indirectes qui résultaient d'autorisations assez nombreuses, accordées à certaines maisons de banque et de commerce conformément aux dispositions de l'article 14 de la circulaire n° 6.

Il n'y a donc plus lieu d'accepter les dépêches qui ne contiendraient que les cours des effets publics et des valeurs industrielles ou commerciales, sans la désignation de ces effets ou valeurs.

On ne doit adresser en Bourse que les dépêches qui en portent la mention spéciale à la suite de l'adresse du destinataire, et cette mention devra entrer dans le compte des mots.

Les dispositions de l'arrêté ministériel précité n'étant motivées que par l'abaissement du tarif intérieur ne sont pas applicables à la correspondance internationale qui reste encore soumise à des taxes élevées. (*Circulaire du 28 décembre 1861.*)

La correspondance télégraphique internationale est régie et tarifée par les conventions des traités de Berne et de Bruxelles.

Les pays qui ont adhéré au traité de Berne, sont : la France, l'Algérie, la Belgique, l'Espagne, la Grande-Bretagne, l'Islande, les Pays-Bas, le Portugal, l'Italie, la Suisse, l'île de Corse, la Sardaigne, Malte, Corfou, les Etats de l'Eglise.

Les pays qui ont adhéré au traité de Bruxelles, sont : l'Autriche, Auhalt-Dessau, Bade, Bavière, Brunswick, Danemarck, Etats de l'Eglise, Grèce, Hanovre, Hesse-Cassel, Hesse-Darmstadt, Hohenzollern, Sigmaringen, Luxembourg, Mecklenbourg-Schwerin, Mecklinbourg-Strelitz, Moldavie, Nassau, Norwège, Prusse, Russie, Saxe, Saxe-Altembourg, Saxe Cobourg-Gotha, Saxe-Meningen, Saxe-Weimar, Servie, Siciles (Deux), Suède, Turquie, Valachie, villes libres de Brême, Francfort, Hambourg, Lubeck. Et tous les Etats soumis au traité de Berne, quand la dépêche emprunte, dans une partie quelconque de son parcours, un territoire soumis au traité de Bruxelles.

La manière de calculer les mots est la même que pour le tarif intérieur, sauf quelques légères différences qui sont expliquées page 143. (Voyez CALCUL DES MOTS.)

Les gouvernements de France et de Belgique viennent de modifier d'un commun accord les bases du tarif des dépêches télégraphiques entre ces deux pays.

Jusqu'à présent la taxe variait entre 3 francs et 10 fr. 50 c. Cette taxe a été fixée à 3 fr. pour la dépêche de vingt mots, quel que soit le bureau de provenance ou de destination. Ce tarif est formé de la réunion des deux tarifs intérieurs. Le prix d'une dé-

pêche de même longueur entre un bureau français,
est de même en Belgique.

Comme dans le tarif intérieur, les taxes sont augmentées proportionnellement à l'étendue de la dépêche, c'est-à-dire de moitié par chaque série de dix
mots.

Ce nouveau tarif est applicable à partir du 1er
mai 1863.

La taxe internationale appliquée en Prusse et à
tous les pays assimilés et régis par le traité de
Bruxelles est ainsi fixée, savoir :

| ZONES. | DISTANCES. | TAXE pour une dépêche de 1 à 20 mots. | TAXE pour 10 mots en sus. |
|---|---|---|---|
| | Meilen. | th. sbg. | th. sbg. |
| 1 | De 1 à 10 inclusivement. | » 12 | » 06 |
| 2 | Plus de 10 jusqu'à 25 | » 24 | » 12 |
| 3 | — 25 — 45 | 1 06 | » 18 |
| 4 | — 45 — 70 | 1 18 | » 24 |
| 5 | — 70 — 100 | 2 » | 1 » |
| 6 | — 100 — 135 | 2 12 | 1 06 |
| 7 | — 135 — 175 | 2 24 | 1 12 |
| 8 | — 175 — 220 | 3 06 | 1 18 |
| 9 | — 220 — 270 | 3 18 | 1 24 |
| 10 | — 270 — 325 | 4 » | 2 » |

Les bases dont la teneur suit, ont été adoptées
pour la formation des tarifs dont la réunion constitue
le tarif international d'après le traité de Berne :

| BASES | | |
|---|---|---|
| PAR DISTANCE. | Par dépêche de 1 à 20 mots inclusivement. | Par série de 10 mots ou fractions au-dessus de 10 mots. |
| 1re zone, de 1 à 100 kilomètres. | 1 50 | » 75 |
| 2e — 100 à 250 — | 3 » | 1 50 |
| 3e — 250 à 450 — | 4 50 | 2 25 |
| 4e — 450 à 700 — | 6 » | 3 » |
| 5e — 700 à 1000 — | 7 50 | 3 75 |

Ainsi de suite chaque zone excédant de 50 kilomètres, la longueur qui précède et le prix de la dépêche simple augmenté du prix de chaque série de
dix mots, en sus, se multipliant par le nombre de
zones.

La taxe pour tous les bureaux du gouvernement
pontifical est uniforme : 7 fr. 50 c. à partir de la
frontière franco-italienne, et 9 francs à partir de la
frontière franco-suisse.

La circulaire n° 308, établit comme il suit les
bases du tarif anglais.

| | DÉPÊCHES DE 20 MOTS adresse comprise taxes décimales à partir des frontières. | | |
| --- | --- | --- | --- |
| | Franco-anglaise. Calais Boulogne | Franco-belge. | de Coutances. |
| Tarif pour Londres, voies de de Calais, Boulogne. (En cas d'interruption par la voie de Calais, on peut envoyer les dépêches par la Belgique et Ostende avec ce même tarif. . . . . . . | 3 » | » » | » » |
| Tarif uniforme pour toutes les autres stations du royaume uni de la Grande-Bretagne et d'Irlande (Voies Calais et Boulogne.) Même observation que ci-dessus, en cas d'interruption de la voie Calais. . . . . . . . . . . | 4 25 | » » | » » |
| Tarif uniforme pour les stations des îles de la Manche, Aurigny, Alderney, Jersey et Guernesey (Voies de Calais et Boulogne.) Même observation en cas d'interruption de la ligne de Calais . . . . . . . . . . . | 8 » | » » | » » |
| Tarif uniforme pour les stations du royaume uni de la Grande-Bretagne et de l'Irlande (Voie de La Haie.) . . . . | » » | 10 93 | » » |
| Tarif uniforme pour les stations des îles de la Manche, Aurigny, Alderney, Jersey, Guernesey (Voie de La Haye.) | » » | 15 93 | » » |
| Tarif uniforme pour les stations des îles de la Manche, Aurigny, Alderney, Jersey et Guernesey (Voie de Coutances.) | » » | » » | 3 » |

TOURNÉES D'INSPECTION. Voyez INSPECTEUR DÉPARTEMENTAL, page 175, § 2.

TRADUCTEURS. Le nombre des traducteurs de l'administration des lignes télégraphiques est déterminé par les besoins du service. (*Décret du 20 janvier 1862, article 1er.*)

Ils sont divisés en trois classes; la première et la deuxième ne peuvent dépasser chacune les 3/10es du nombre total des employés. (*Même décret*, article 5.)

Les traitements des traducteurs sont fixés à 3,000 francs pour les employés de première classe, à 2,500 francs pour ceux de la seconde, et à 2,000 francs pour ceux de la troisième classe. (*Même décret*, article 7.)

L'emploi des traducteurs constitue un service spécial non susceptible d'assimilation avec les autres grades de l'administration. (*Même décret*, article 2.)

En ce qui concerne l'avancement, voyez ORGANISATION ADMINISTRATIVE.

L'uniforme des traducteurs est absolument semblable à celui des commis principaux. (Voyez COMMIS PRINCIPAL.)

TRAITEMENTS. Voyez ORGANISATION ADMINISTRATIVE.

TUNISIE. Voyez TAXE.

UNIFORME. Voyez page 85.

VIOLATION DU SECRET DES CORRESPONDANCES. Tout fonctionnaire public qui viole le secret de la correspondance télégraphique est puni des peines portées en l'article 187 du code pénal. (*Loi du 29 novembre* 1850, article 5.)

Cet article est ainsi conçu :

« Toute suppression, toute ouverture de lettres

» confiées à la poste, commise ou facilitée par un
» fonctionnaire ou un agent du gouvernement, ou
» de l'administration des postes, séra punie d'une
» amende de 16 francs à 500 francs et d'un empri-
» sonnement de trois mois à cinq ans. Le coupable
» sera de plus interdit de toute fonction ou emploi
» public pendant cinq ans au moins et dix ans au
» plus. »

Tout facteur qui ouvre les plis contenant les dépêches qu'il est chargé de distribuer est révoqué, sans
préjudice des poursuites judiciaires dont il peut être
l'objet. (*Règlement du 15 août 1862, service des facteurs*, article 9.)

VIOLENCES ET MENACES. Voyez CONTRAVEN-
TIONS, DÉLITS ET CRIMES, page 132.

VISA. Le visa des dépêches qui doivent être
adressées par la voie hiérarchique doit être placé,
non en marge, mais à la suite de ces dépêches. (*Circulaire* n° 177.) Nul ne peut viser une dépêche s'il
n'est autorisé à correspondre en franchise. (*Arrêté
ministériel du 25 juillet 1862.*)

VISIBILITÉ DES LIGNES. Voyez pages 27 et 33.

VISITES DE DÉTAIL. Voyez INSPECTEUR DÉPAR-
TEMENTAL.

VOITURES PUBLIQUES. Voyez CHEF SURVEILLANT
ET SURVEILLANT.

FIN.

9 782019 978716